La cárcel de oro

Historias reales sobre
la Escuela Vocacional de Camagüey
"Máximo Gómez Báez"

por Ionel Munoz

Prólogo por Isabel Soto Mayedo

Ediciones Rhombifer * 2025

Ediciones Rhombifer
© 2025, por Ionel Munoz

Todos los derechos reservados. No se permite la reproducción total o parcial de esta obra, ni su incorporación a un sistema informático, ni su transmisión en cualquier forma o por cualquier medio (electrónico, mecánico, fotocopia, grabación u otros) sin autorización previa y por escrito de los titulares del copyright.

Diseño de portada: Ionel Munoz, a partir de la obra "Marcando la diferencia" de Floyd Heglichs

Edición y revisión: Isabel Soto Mayedo, ALTiro M&C/ Gestión del Conocimiento S.A

La cárcel de oro
ISBN 979-8-218-50473-1

Dedicado, con toda el alma, a mi gran amigo Juan Agustín Pérez Hernández (1969-2024)

A la memoria de Antonio Ceballos, Dafné Cobas, Carlos Pons, Julio "El Buddy" López, Asdrúbal González, Lázaro Costales, Alexis DeGournay y tantos otros de los nuestros que tampoco podrán leer estas páginas.

> *"Esta es la nueva escuela*
> *esta es la nueva casa*
> *casa y escuela nuevas:*
> *como cuna de nueva raza"*

Canción de la nueva escuela — Silvio Rodríguez, 1976

—con sarcasmo

CONTENIDO

Prólogo 7

Prefacio 13

Un caballo en el dormitorio 16

Una de El Dinky 19

El Huevo y la aspirina 21

Bistec con ajo y cebolla 23

De cómo obtuve "la inmunidad diplomática" de las chicas de El Cinecito 25

El asesino vive en el 21 28

Historia de violencia – 1ra Parte 33

Historia de violencia – 2da Parte 37

Ichi 42

De cómo se evitó un incendio... o un quemado grave 44

Aquellos ojos negros 47

La tarjetica de señalamientos y los pases cortos 50

Neologismos vocacionales 55

Recetas inolvidables de La Vocacional 57

Adolfito, el maestro del sable 59

La Abuela y La Batalla por el 9no Grado 61

Terror en el albergue de las muchachitas ... 64

¡Tooo-más, maricón! 67

Aventuras y desventuras de El Rosadito 72

Pan Viejo 74

El mejor mafuco de todos los tiempos 77

El precio de un pase 81

Jugando a la guerra noche y día 83

Tabatha Twitchit 87

Smoke on the water 97

Un pedazo de mi vida 102

Delilah 104

Epílogo 110

Prólogo

Adolescencia, adoctrinamiento y resistencia: el experimento de las escuelas vocacionales

Durante mucho tiempo, quienes pasamos por las escuelas vocacionales en Cuba —como la "General Máximo Gómez Báez" de Camagüey— llegamos a creer que éramos una élite: la "inteligencia seleccionada" del país. Así nos lo inculcaron desde los primeros días, cuando, apenas adolescentes, nos esforzábamos por ingresar en lo que el escritor Ionel Muñoz, con justa ironía, denominó "la cárcel de oro".

Lo que entonces se ocultaba era el profundo costo de esa experiencia compartida, más allá de las medallas, los himnos y la retórica. Desde los 12 hasta los 17 años, vivíamos de lunes a viernes en internados diseñados para formarnos bajo un modelo de colectividad rígida. Éramos separados de nuestros hogares, de nuestros padres y de la intimidad familiar para ser arrojados a un universo cerrado, donde la vida cotidiana se regía por consignas, disciplina y una vigilancia constante. Pero, sobre todo, por la presión de un colectivo adolescente que podía llegar a ser extremadamente cruel.

Este desprendimiento precoz supuso una fractura psicológica. La adolescencia es una etapa crucial para construir la identidad y el sentido de pertenencia, en la que la influencia familiar es decisiva para desarrollar la autonomía y la autoestima. Erik Erikson (1968)[1] advierte que en esta etapa se libra la "crisis de identidad" y que, sin referentes sólidos, los jóvenes quedan expuestos a la confusión y la vulnerabilidad. Privarnos de la cercanía parental y someternos a la presión de un colectivo cerrado representó una interrupción traumática en nuestro proceso natural de socialización, obligando a muchos a sobrevivir a un sinfín de abusos y situaciones traumatizantes.

Desde una perspectiva sociológica, las vocacionales funcionaron como mecanismos de control y reproducción ideológica. Pierre Bourdieu (1977)[2] señaló cómo la educación puede convertirse en un espacio de "violencia simbólica", donde se transmiten valores y normas de manera imperceptible pero efectiva. En estos internados, la noción de individuo quedaba subordinada al colectivo, mientras las

---

[1] Erikson, E. H. (1968). Identidad: Juventud y crisis. W. W. Norton & Company

[2] Bourdieu, P. (1977). La reproducción: Elementos para una teoría del sistema de enseñanza (R. Nice, Trad.). Laia.

jerarquías internas replicaban la estructura del poder estatal, preparando a los estudiantes para internalizar roles de obediencia y lealtad al sistema.

El adoctrinamiento iba más allá de la instrucción académica; se diseñó un ecosistema completo de socialización. Michel Foucault (1975)[3], en Vigilar y castigar, describe cómo instituciones como estos internados —al igual que las prisiones— actúan como "microfísicas del poder", donde la vigilancia constante, la disciplina y la normalización de conductas moldean la mente y el cuerpo de los individuos según los intereses del poder. En nuestras aulas y dormitorios, la rutina diaria, las exigencias de los jefes de albergue, las visitas sorpresivas, los castigos por "violar el reglamento", las ceremonias y la vigilancia implícita operaban como herramientas de control ideológico, orientadas a producir sujetos dóciles y homogéneos, capaces de reproducir los valores del Estado sin cuestionarlos. Estudios contemporáneos en psicología política (Hoffman, 2011[4]; Altemeyer,

---

[3] Foucault, M. (1975). Vigilar y castigar: Nacimiento de la prisión. Gallimard.

[4] Hoffman, D. (2011). La psicología de la autoridad: Conformidad, obediencia y disidencia. En D. J. Christie (Ed.), La enciclopedia de psicología de la paz (Vol. 1, pp. 93-98). Wiley-Blackwell.

2004[5]) muestran que los sistemas educativos totalitarios generan internalización de la autoridad, conformismo y supresión de la crítica independiente, especialmente en adolescentes. Ese era, sin duda, uno de los objetivos principales de aquellas escuelas.

En términos antropológicos, estos internados produjeron una cultura propia, marcada por códigos de resistencia, formas de solidaridad clandestina y también por prácticas de violencia cotidiana de marcado signo patriarcal: el bullying, las humillaciones, la lucha por el alimento o el espacio de descanso. La socialización forzada creó rituales, jerarquías y estrategias de adaptación que los estudiantes debían dominar para sobrevivir.

Y más allá de estas implicaciones, persistía la verdad más simple y brutal: nos convertían en fuerza de trabajo. Con apenas doce, trece o catorce años, nuestras manos adolescentes se hundían en la tierra de los organopónicos y en surcos agrícolas, en tareas que nada tenían que ver con el saber científico prometido. Bajo el lema de estudio-trabajo, nos hicieron creer que aquello era parte de nuestra "formación

---

[5] Altemeyer, B. (2004). La otra "personalidad autoritaria". En J. T. Jost y J. Sidanius (Eds.), Psicología política: Lecturas clave (pp. 85-107). Psychology Press

integral", legitimándolo con la frase martiana de que las escuelas debían ser "talleres". Pero el ideal se transformó en castigo: jornadas de sudor acumuladas sobre la exigencia académica, una rutina que nos enseñaba que la fatiga era natural y que la infancia podía hipotecarse en nombre de la nación. Paulo Freire (1970)[6] recuerda que la educación no debe convertirse en instrumento de opresión, sino en acto de liberación; nuestra experiencia fue exactamente lo contrario.

Este libro de anécdotas, muchas de las cuales recuerdo por haber sido conviviente en la vocacional de referencia, recoge esa memoria viva: la de una generación arrancada del hogar demasiado pronto, moldeada en internados que marcaron para siempre su forma de entender la vida, las relaciones de poder, la lealtad, la amistad y el miedo. En algunos casos, incluso, el dolor del desarraigo y el terror de no ser aceptado.

La cárcel de oro no es un manifiesto nostálgico ni de romanticismo adolescente, sino un testimonio necesario: la historia de cómo el Estado cubano convirtió las escuelas vocacionales en un ensayo masivo de control social, adoctrinamiento y explotación disfrazada de formación. El testimonio de cómo los niños y

---

[6] Freire, P. (1970). Pedagogía del oprimido (M. B. Ramos, Trad.). Herder and Herder.

niñas más aventajados académicamente —y sus padres— eran adormecidos con la perspectiva de una exclusividad en términos de preparación profesional y de un futuro promisorio.

Porque lo que allí vivimos no fue únicamente una etapa escolar; fue un laboratorio de socialización forzada, una experiencia que dejó cicatrices, aprendizajes ambiguos y traumas compartidos. Recordarlo y narrarlo hoy no es un acto de revancha, sino de esclarecimiento histórico. Este libro es un aporte a los afanes de recuperar las páginas que la opacidad de la narrativa oficial cubana arrancó a la historia. Este es un libro que permitirá comprender cómo se intentó moldear a toda una generación y, sobre todo, cómo esa generación, pese a todo, encontró maneras de resistir, de reír, de sobrevivir y de preservar su humanidad en medio del adoctrinamiento.

Isabel Soto Mayedo
3 de septiembre de 2025

Prefacio

Esta compilación de testimonios narra algunas de mis vivencias como interno en la Escuela Vocacional de Camagüey "Máximo Gómez Báez", conocida por sus estudiantes y por los habitantes de la ciudad como, simplemente, "La Vocacional".

Entré a La Vocacional en séptimo grado, a la tierna edad de once años, y me gradué a los diecisiete, durante el primer año de la institución como preuniversitario de Ciencias Exactas. Fueron seis años de experiencias intensas, muchísimas ilusiones y también, naturalmente, de algunos desengaños.

"La cárcel de oro" era el nombre que, con un tono burlón, le daba a La Vocacional un vecino del barrio que era un poco mayor que yo, y que había pasado por ella durante su primer año de secundaria. Lo apropiado de esa frase para referirse a la escuela lo comprendí muchos años más tarde, y es por eso que decidí darle ese título a este libro.

La Vocacional tenía buena reputación como entidad educativa, los programas de estudio eran rigurosos y ricos, y sus instalaciones estaban muy bien mantenidas en la época.

Sin embargo, se trataba también de un internado en el que los niños y adolescentes dormíamos de lunes a viernes y solamente íbamos "de pase" a casa los fines de semana.

De este modo, aunque no teníamos plena consciencia de ello, durante la semana que pasábamos en la escuela, los estudiantes estábamos literalmente separados de nuestros padres y a la merced de profesores y asistentes no todos confiables.

Debo señalar que mucho de lo que sucedía en la escuela, jamás nos atrevimos a contarlo. Nos sentíamos atrapados por el concepto de "hombría" y por la ley del silencio no escrita que se deriva de él, así como por la pseudo-militarización del entorno y el adoctrinamiento imperante en la Cuba Socialista de los años ochenta.

Ese es el período histórico y el lugar en los que se ubican estos testimonios, que también son, en parte, un desmentido al mito del "modelo educativo perfecto" bajo el signo revolucionario cubano del siglo veinte.

Por último, antes de invitarlos a comenzar a leer, deseo pedirles disculpas por adelantado a mis compañeros de estudio y amigos de La

Vocacional, a los que tal vez algunas de estas narraciones les abran viejas heridas.

Sin lugar a dudas, La Vocacional nos forjó, nos convirtió en adultos capaces de enfrentar las vicisitudes de la vida, y lo que es más valioso e imperecedero: nos hermanó para siempre.

Pero junto a los gratos recuerdos y a las muchas luces, también hubo rincones sombríos y traumas de los que vale la pena hablar, para que nuestros hijos y nietos aprendan de ellos y arriben a sus propias conclusiones.

En nombre de *esos locos bajitos* que ahora corretean a nuestro alrededor, alegrándonos la vida y despertando confianza en el porvenir, y para los niños que todos fuimos alguna vez y que muchos todavía llevamos dentro, he escrito este libro, porque los niños siguen siendo *la esperanza del mundo* —y eso es algo que este mundo necesita más que nunca.

Un caballo en el dormitorio

Esta anécdota se volvió una especie de leyenda en la escuela. Yo la viví de primera mano, así que les cuento:

Érase una vez un estudiante que estaba más loco que una cabra, al que con cariño apodábamos El Guajiro. Estábamos en el mismo grupo, y justo nos tocaba el autoservicio del sábado, antes de que saliésemos "de pase".

El "autoservicio" era una actividad que debíamos asumir cada cierto tiempo, como "compensación" a la gratuidad de la educación que recibíamos, y para que además "nos forjáramos" en el amor al trabajo. En esencia, consistía en fregar los cubiertos y bandejas utilizados por todos los estudiantes y profesores durante la comida, así como en limpiar el piso de la cocina y del comedor al finalizar la jornada.

Ese día, cuando se acabó el autoservicio del almuerzo, nos fuimos dos o tres amigos del grupo a la piscina de la escuela, con la intención de darnos un chapuzón clandestino antes de regresarnos a casa. El Guajiro, sin embargo, declaró que tenía algo que hacer y no quiso venir con el resto de nosotros.

Luego de un par de horas, los "piscinistas" volvimos al albergue, que estaba por cierto en la cuarta planta, a ducharnos y prepararnos para partir a casa por el fin de semana.

Yo me tomé mi tiempo, fui tan lento que todos los demás se marcharon sin esperarme. Estaba sentado en mi litera, secándome con toda mi santa calma, y ya me había olvidado completamente de El Guajiro, cuando de repente lo veo entrar por la puerta del dormitorio… ¡tirando de un caballo!

Me quedé petrificado. El amigo le había puesto toallas alrededor de los cascos "para que no hiciese ruido mientras subía las escaleras". Por supuesto, le pregunté que qué diablos hacía con un caballo en el dormitorio. Su respuesta fue categórica:

"Esto no es un caballo, socio. ¡Esto es una yegua!"

Y bueno, todos sabemos los usos que algunos guajiros dan a las yeguas, chivas y puercas en el campo cubano. El amigo hasta me invitó a quedarme en el albergue para participar en "el festín carnal" que pensaba hacer, pero yo cortésmente decliné la oferta y me fui a casa. Para serles sincero, yo no quería siquiera ser testigo de aquello.

Cuando regresamos a la escuela el domingo, ya el suceso de la yegua se me había olvidado. La noche había caído y los profesores que estaban de guardia pasaban inspección en los dormitorios. Al nuestro entró el flaco Parra, quien alguna vez fue también director de Vida Interna.

El profe pasó por "parte de atrás", la sección trasera del albergue en la que se encontraban los lavabos, haciendo su inspección, y fue allí donde se topó con el fenómeno. Entonces pronunció su frase célebre, que ha quedado para la historia:

"¡CABALLEROS, ESTO ES EL COLMO! ¡UN CABALLO EN EL DORMITORIO!"

De más está decir que nadie nunca dijo cómo ese "caballo" llegó allí. Probablemente yo fui el único que supo lo que realmente sucedió. Imagino que El Guajiro había dejado la yegua "escondida" en el albergue para seguir consolándose con ella durante unos días más, pero en realidad eso no me consta. Puede, simplemente, que haya olvidado liberarla.

Para quienes se preocupan ahora por la suerte del pobre animal, sepan que los profesores se lo entregaron a su dueño al día siguiente, de modo que esta historia tiene un final feliz.

Una de El Dinky

El Dinky era un hombre fornido, risueño, de simplicidad campechana y bastante terco, que se ocupaba de los menesteres de Producción – recuérdese que el sistema educativo giraba en torno al modelo trabajo-estudio.

Hubo una vez un estudiante de la Vocacional que falleció. Puede que haya sido aquel indiecito de voz ronca de nuestro año, que creo que se ahogó en la piscina de ese centro recreativo conocido como El Arroyón, situado a las afueras de la ciudad. Pero tal vez no haya sido él, ya no recuerdo con certeza.

El caso es que un estudiante murió y su velorio tendría lugar en la funeraria de Camagüey. Los directivos de la escuela consiguieron algunas guagüitas Girón para transportar a los compañeros y amigos del fallecido, y que así pudieran darle el último adiós.

Todo el mundo estaba muy triste.

Poco a poco se iban llenando las guagüitas, estacionadas en La Plaza de Las Banderas, aquella explanada que se encontraba a la entrada de la escuela y que se utilizaba sobre todo para la celebración de actos políticos.

Cerca de la hora de la partida llegó el momento de avisarles a los demorones que ya no los esperarían más.

Y fue entonces que El Dinky dijo por los altavoces de la Radio-Base, para que todos los estudiantes pudiésemos escucharlo:

"A los compañeritos que van a participar en *la actividad del muerto*, los esperamos en la plaza de las banderas. Repito: a los compañeritos que van a participar en *LA ACTIVIDAD DEL MUERTO...*"

-•-•-•-•-•-•-•-

Cuenta también la leyenda, aunque de esto sí no fui testigo, que en el velorio, El Dinky se acercó a la madre del estudiante fallecido y le dijo, apenado, que se disculpaba por el número reducido de asistentes, pero que "para la próxima vez, seremos más".

El Huevo y la aspirina

Los que estudiamos en La Vocacional sabemos que antes de Shrek existió un dirigente entre los profesores cuyo mote era "El Ogro". Esta celebridad también era conocida como "El Huevo", debido a su singular cabeza calva.

Personaje con cierto carisma a pesar de todo, El Huevo adoraba intimidar a los estudiantes con su voz gutural, con su manera peculiar de gesticular y apoyándose en una cantidad significativa de "numeritos" pesados y a la vez ingeniosos, los cuales podía hacer impunemente desde su posición de autoridad como director de Vida Interna, y gracias también al montón de años que les llevaba a los fiñes sobre los cuales ejercía su poder.

Una vez, en séptimo grado, estábamos como siempre, temprano en la mañana, organizados por filas para irnos a desayunar. El Ogro/Huevo supervisaba la actividad desde la cima de la escalinata que terminaba en el pasillo aéreo que conducía al comedor.

Mientras escudriñaba las cabezas de los que componíamos aquella masa estudiantil de preadolescentes, algo de repente llamó su atención. Entornó los ojos de manera teatral, y con esa expresión amenazadora tan característica de él, vociferó:

"Oiga, José Luis, ¡venga aquí inmediatamente!"

Aunque ya estábamos en silencio, se hizo más silencio aún. El pequeño José Luis avanzó con timidez hasta encaramarse sobre la tarima, quedando así expuesto delante de todos y junto a El Ogro, que no le quitaba la vista de encima.

La incertidumbre no duró mucho. Pronto descubriríamos que lo que estaba sucediendo tenía que ver con el nuevo peinado con la raya al medio, que José Luis había estrenado hacía poco.

El Huevo, para crear más tensión e intriga, continuó por unos instantes adicionales mirando fijamente al pobre muchacho, haciendo una pausa que a todos nos pareció eterna... hasta que por fin tronó:

"¿Qué cosa es ese peinado, José Luis? ¡PARECES UNA ASPIRINA! ¡Vete y péinate como los hombres!"

Bistec con ajo y cebolla

Había un personaje bastante popular entre el alumnado que gozaba de cierto estatus especial, debido a la función que ocupaba.

Estando en secundaria, muy probablemente en octavo grado, un par de socios y yo nos sentábamos a menudo a conversar con él al lado de la piscina de la escuela —en realidad había dos piscinas, una olímpica y otra semiolímpica, pero era a esta última a la que nos referíamos habitualmente como "la piscina".

Una vez, en una de esas conversaciones, pasaron por delante de nosotros un grupo de muchachitas de octavo o noveno grado, vestidas de manera que podíamos verles "hasta el fondo de la garganta".

De modo que, imagino, aun siendo ese señor bastante viejo, se sintió tan tentado ante tanto encanto femenino ambulante, que no pudo impedirse exclamar algún tipo de comentario admirativo. Y esto fue lo que dijo, suspirando:

"¡Quién tuviera quince'sss'años ahora!"

Fue sin dudas cómico, a pesar de lo torcido. La frase quedó para la historia, sobre todo por la manera en la que la pronunció.

Pero el cuento no termina allí...

No sé si fue exactamente esa vez, u otro día, pero el popular señor nos explicó otra cosa relacionada con el mismo asunto. Y fue esto:

Se trataba de la manera en la que él fantaseaba con hacerle el cunnilingus (por supuesto, dicho de otra manera) a una niña de trece años.

Leyeron bien, sí. ¡Trece años! Decía que comerse algo tan tierno, con sus vellos incipientes y la piel tan suave, era lo mejor.

Especificó además que era importante que estuviera sudado y sin lavar, "para poder saborearlo". "Un bistec, sin ajo y sin cebolla, ¡no sabe a ná!"

Y así fue como recibimos nuestras primeras lecciones de educación sexual en la escuela: de manera extraoficial, con un adulto morboso que compartía sus fantasías sexuales con nosotros, chamacos de doce o trece años, y en cuyo contenido aparecían niñas de nuestra edad.

De cómo obtuve "la inmunidad diplomática" de las chicas de El Cinecito

Los que teníamos que transitar todos los días por el pasillo aéreo que conducía al edificio docente de la Unidad 4, recordamos que aquel pasaba por debajo de El Cinecito –el célebre albergue en el que las chicas frecuentemente daban funciones de exhibicionismo gratis hacia el parque aledaño al comedor.

Cada varón que pasaba por ese pasillo aéreo tenía que hacerlo rápido. A los que "les sabían algo", ¡ya tú sabes! Los gritos de "mala hoja", "eyaculación precoz" y "minipichi" los perseguían hasta que se perdían de vista. El resto, que éramos mayoría, también solíamos ser blanco de ofensas de todo tipo, incluyendo invitaciones obscenas a actos de descubrimiento mutuo y otras declaraciones audaces y/o soeces.

Una noche, no recuerdo por qué razón, yo regresaba muy tarde del Policlínico o de por aquella vuelta. Serían las once y pico de la noche. Por supuesto, a esa hora ya no había un alma en los pilotajes ni en los pasillos.

Sin embargo, cuando iba pasando por el parque que estaba entre el comedor y El Cinecito, escuché unos sollozos femeninos y una voz masculina que decía improperios a bajo volumen, pero con tono violento.

El ruido me atrajo, de modo que caminé hacia su fuente, y me encontré a un estudiante que retrucaba y abofeteaba a una muchacha, mientras la ofendía y la hacía lloriquear. Sin ver bien quiénes eran ambos, pues todo estaba muy obscuro, decidí intervenir. Al varón lo cogí por el hombro firmemente y lo hice tornarse hacia mí. No recuerdo quién era, solo que se asustó mucho. Tampoco recuerdo bien qué le dije, pero tengo que haberle dicho algo como que era un "poco hombre" y que a las mujeres no se les maltrataba, fuese por la razón que fuese. No hubo bronca, parece que milagrosamente logré disuadirlo y hacer que se largara, aunque en realidad no recuerdo los detalles.

El caso es que me quedé solo en el parque con la chica, que estaba hecha un ovillo y aún sollozaba. Intenté consolarla, hablándole dulcemente, diciéndole que ya todo había pasado. En eso levantó la cabeza y entonces vi quién era. No era otra que esa trigueñita de piernas flacas, pelito corto y grandes tetas que era temida y respetada por todos: ¡la mismísima jefa de El Cinecito! Me acuerdo de su nombre, claro está, pero no lo mencionaré por razones evidentes.

Luego de consolarla por un rato más, nos fuimos al fin del parque. Le pasé el brazo por encima y, todavía hablándole con delicadeza, la acompañé hasta su famoso albergue. Al llegar, me abrazó y me dio las gracias.

Esa fue la única ocasión en la cual hablé con ella, pero me pareció ver en sus ojos un ser frágil, capaz de dar y de recibir ternura. Me impresionó que de cerca era muy pequeñita y que tenía la mirada muy brillante y penetrante. Su imagen de esa noche quedó grabada para siempre en mi memoria.

Y fue así como, haciendo mi papel de héroe o de caballero medieval, a partir de ese momento pude pasar bajo El Cinecito sin que jamás nadie osase meterse conmigo. En cuanto a "la jefa de los caballitos", nunca más tuve contacto alguno con ella, excluyendo tal vez algún tímido saludo desde lejos, cuando el azar cruzaba nuestros caminos en la escuela.

Hoy espero que esa niña, convertida en mujer y muy probablemente ya con hijos, haya tenido una vida muy feliz, sea donde sea que esté.

El asesino vive en el 21

Los nombres de los protagonistas de esta historia me los guardo, dado que esto sucedió estando todos en séptimo grado, en 1981. Éramos, pues, todos niños, tanto los agresores como los agredidos, y mucho ha llovido desde entonces. La historia la cuento simplemente para que retengamos las lecciones que de ella se derivan:

Hubo en la escuela un "bully" (abusador, fanfarrón, intimidador... ¡en español es difícil!) que fue probablemente uno de los peores que ha pasado por ahí. Era de Santa Cruz del Sur, un muchacho trigueño, de pelo medio crespo, facciones toscas... Por supuesto, su nombre lo recuerdo, pero no lo diré. Había practicado lucha grecorromana o libre y tenía un temperamento dominante y violento; era muchísimo más hábil en los menesteres de la intimidación y del comportamiento territorial que la inmensísima mayoría de los que estudiábamos en La Vocacional.

Este personaje se hacía acompañar por dos o tres acólitos que lo apoyaban y obedecían como perros. Se comportaban como chacales o cachorros de hiena, martirizando a sus víctimas con regocijo. Así humillaron y/o "despingaron" a más de uno, con un nivel inusitado de saña y escarnio. Vivían en el albergue 21, y solían vanagloriarse diciendo con sorna "el asesino vive en el 21", haciendo referencia a una serie televisiva con ese título que estaba de moda en la época.

Una de las actividades favoritas de esta pandilla era retar a alguien de su albergue, o del albergue 22, que daba frente con frente al de ellos. Esto lo hacían casi todas las noches después de las diez, cuando ya la vigilancia de los profesores había mermado. Elegían a uno al azar, lo sacaban a la sala de estar y lo obligaban a pelear. De esos "eventos" recuerdo claramente dos casos que marcaron mi memoria:

El primero es el de un muchacho que estaba en mi grupo, al que hoy nombraré "Chaviano". Era un tipo vivaracho y fibroso, aunque delgado y menudo. Chaviano había practicado un poco de karate en el Palacio de los Pioneros. Lo eligieron una noche como la víctima a "acaballar" en la sala de estar.

Primero, fue el líder del grupito de chacales contra él, uno contra uno; pero como no lograba entrarle, porque Chaviano esquivaba con agilidad y se defendía con gracia, terminaron echándosele encima todos los de la pandilla al mismo tiempo, dándole finalmente una soberana paliza.

Independientemente del hecho de que Chaviano perdió la batalla por razones evidentes, al menos se ganó el respeto de los pandilleros. No se metieron más con él. Tampoco lo maltrataron excesivamente al final de la bronca. Sinceramente, ¡salió bien!

El segundo caso que recuerdo fue sin embargo mucho más terrible y dramático. Se trataba de alguien cercano a mí, un buen tipo, tranquilo, amante del buen vivir, refinado, un muchacho de amplia sonrisa, de alma sensible y buenos modales... ¡nada que ver con la lacra aquella del 21! Como es de suponer, alguien así no estaba armado para enfrentarse a la mentalidad presidiaria del grupito de abusadores. Una noche fatal le tocó a él ser "el elegido".

Los detalles de cómo empezó la sesión de humillación los desconozco. Sé que los chacales terminaron paseándose uno a uno sobre el lomo de mi amigo, como si fuese un caballo, haciéndole dar vueltas en cuatro patas alrededor de la sala de estar.

También le dieron unos cuantos galletazos:

—¿De dónde yo soy? –preguntó el líder.

—De Santa Cruz.

¡PAF! (una bofetada)

—¡No! Yo soy de Camagüey. ¿De dónde yo soy?

—De Camagüey.

¡PAF! (otra bofetada)

—¡No! ¡Yo soy de Santa Cruz!

Puro presidio, sin más comentarios.

Yo por mi parte tuve mucha suerte. En séptimo grado estaba tiernecito. No era más que un bitonguito de Puerto Príncipe, sin agallas ni espuelas, con la mente llena de las aventuras de Sandokan, El Zorro, Mowgli y Tom Sawyer, y sin ninguna maldad dentro de mí, tan vulnerable como una flor de romerillo rodeada de chivos. Gracias al destino y a los astros, tuve un solo encuentro directo con el líder de la banda. Fue además muy leve, y fue así:

Yo estaba sentado en una escalera mirando un sobrecito de Coffee Mate Nestlé que mi papá había recién traído de Nicaragua, en donde había estado por más de un año separado de nosotros, su familia, participando en una "misión internacionalista" asignada por el gobierno. Parece que se lo dieron en el vuelo de regreso a

Cuba. Lo llevé a la escuela porque me fascinaba el sobrecito aquel. Por eso no lo abría. Solamente lo contemplaba con curiosidad y asombro.

Estando yo absorto en mi observación del sobrecito, en eso pasa el líder chacal y me pregunta que qué es lo que tengo en mi mano, y me pide que se lo deje ver.

Se lo enseño, cagao de miedo, y el tipo lo toma en sus manos, lo mira fijo, examinándolo con curiosidad... ¡y se lo mete en el bolsillo!

Yo osé balbucear, tembloroso: "bueno, dame mi sobrecito".

Pero entonces él empezó a tararear aquel popular bolero que decía: "Hoy no puede ser... Hoy no puede ser..." 🎵 Y se fue, dejándome allí, desconcertado y acobardado, viendo como mi sobrecito de Coffee Mate Nestlé se alejaba de mí para siempre.

Ná, que me agitó el sobrecito, con muchísima dulzura, pero sin piedad... aunque al menos no me partió la cara de un estrellón contra el suelo, como sí les hizo a tantas de sus víctimas.

Historia de violencia – 1ra Parte

Estando en décimo grado, allá por el 84 o el 85, una tarde llego temprano al albergue y al entrar me encuentro la pandillita de 11no del tercer cubículo reunida en el primero, alrededor de la cama de uno de mi año al cual ellos solían atormentar.

Encima de la colchoneta del socio había un mojón enorme y los de la pandilla estaban riéndose y jactándose, lo cual dejaba claro que eran ellos los que acababan de hacerle esa "gracia". Había bastante peste en el ambiente, ese olor desagradable, húmedo y dulzón de la mierda fresca.

Yo ignoré como pude la situación y continué mi camino hacia el segundo cubículo, que era donde yo dormía. Pero, al pasar, de repente me escuché a mí mismo exclamar:

"¡Ñó! ¡Tremenda mariconá!"

La frase se me fue antes de poder pensarlo. ¡Qué idea tan estúpida!

Los de la pandilla, al escucharme, replicaron lanzando una bota en mi dirección. La bota cayó justo al lado mío, y aunque no me dio, sí me irritó el gesto; así que la agarré y la lancé de vuelta al grupo con todas mis fuerzas... y con tanta mala suerte que el botazo se lo di al jefe de la banda, un colorao fuertón y grandón, con el pelo medio crespo y alborotado, al que todos en el albergue temían.

Al recibir el botazo, el coloso colorao puso "cara de crimen" y se dirigió hacia mí con paso firme y actitud belicosa. Yo estaba ya en guardia, listo para contratacar, cuando él se detuvo a veinte centímetros de mi nariz.

Me observó fijamente, quizás calculando sus posibilidades de éxito, o quizás preguntándose si valía la pena iniciar una pelea con este insecto de décimo grado que, a pesar de todo, osaba desafiarlo. Él era más grande, más fuerte, tenía a su pandilla allí y yo estaba solo... pero imagino que le di la impresión de no ser una presa tan fácil en ese momento. De modo que, conteniendo su ira, recobró un poco su compostura y simplemente me dijo:

"Yo no me voy a fajar contigo ahora, ¡pero esta noche tú no vas a dormir!"

Debo haberle respondido algo como "vengan cuando quieran", o cualquier frase de esas que uno suele usar para afirmar su virilidad. En realidad no recuerdo lo que dije. El caso es que tuve tiempo de irme y buscarme un toallero de esos de metal, para estar preparado para la batalla anunciada de por la noche.

_-•-•-•-•-•-•-_

Por la noche, armado de mi toallero y dispuesto a dar guerra, llegué al albergue casi a las diez y me senté en mi litera, que era la de abajo y estaba al borde del pasillo –en el segundo cubículo, como ya dije antes. Yo intentaba permanecer en estado de alerta, pero mis esfuerzos no fueron suficientes.

En un momento de descuido mío, mientras me quitaba las medias, de súbito apagaron la luz, y sin que yo tuviese tiempo de darme cuenta de lo que sucedía, recibí un golpe contundente y fortísimo en medio de la cara. ¡Me pegaron por sorpresa un tremendo botazo en la nariz! Sentí la sangre brotar, abundante y tibia. Un chorro de mi líquido vital cayó al suelo e hizo un charco. Me puse de pie, blandiendo el toallero. Ante el revuelo, alguien volvió a encender la luz. Un amigo mío saltó inmediatamente a socorrerme. Yo, rabioso y medio aturdido, sin saber quién me había pegado el botazo ni contra quién debía desatar mi ira, me debatí un poco, pero no atinaba a hacer nada coherente. Continuaba sangrando de manera copiosa, así que finalmente me dejé conducir por los amigos hasta el policlínico de la escuela, al que llegué tambaleante, adolorido y con mi rostro y mi ego heridos.

Por supuesto, ante el médico, que era aquella dulce doctora trigueña que imagino que todos los varones recordamos, inventé una historia totalmente absurda. Dije que me había caído por las escaleras. Nadie me creyó, pero da igual. Lo esencial es que uno nunca debe chivatear, sea lo que sea. La venganza, esa sí hay que planearla cuando es necesaria, pero el honor no es negociable. Jamás lo es.

Aquella noche sí dormí. Solo que dormí en el Policlínico, con mi tabique fracturado y bajo el efecto de los calmantes. Igual, eso no se iba a quedar así. Y "eso se hincha" no iba a ser la única frase que le daría continuidad a esta historia...

– Fin de la 1ra parte –

Historia de violencia – 2da Parte

No recuerdo cuánto duró mi convalecencia. Sé que no me operaron el tabique fracturado y que también debí andar durante algunas semanas con mi cara hinchada, a causa del botazo que me propinaron.

Lo que sí recuerdo claramente es que en algún momento regresé al albergue bastante acomplejado, apenas suponiendo quién era el individuo que me había pegado, y determinado a no dejarme acosar ni intimidar por los bravucones de onceno grado.

La primera medida que tomé fue procurarme un machete. ¿Recuerdan al prieto gordito y robusto que era profesor de Educación Física y que por un tiempo fue director de Producción, o algo de eso? Él era el responsable de un local donde se guardaban los instrumentos de trabajo en la Unidad 4. Era buen amigo mío y me prestaba la llave de su local cuando yo la necesitaba. Así fue como "tomé prestado" un machete de ese local, y lo escondí dentro de la colchoneta de mi litera, entre los copos de guata.

Una noche yo dormía con el sueño ligero, cuando de repente siento un objeto rodar y golpear contra la esquina de mi cama, a la vez que escucho unos pasos perderse a la carrera en el tercer cubículo, que era el de los payasones de onceno.

Imaginándome víctima de un nuevo ataque, me levanté. Agarré mi machete y me fui como una tromba al tercer cubículo y comencé a darles "plan de machete" por los pies a todos los que allí dormían. Uno a uno les pegué, y ellos se despertaban adoloridos y desconcertados, con los ojos abiertos de asombro y sin entender bien qué coño estaba sucediendo. Hubo gritos, lamentos, ayes y muestras de irritación.

Pero yo, machete en mano y echando pestes, pingas y cuanta ofensa me pasaba por la cabeza, les gritaba que el singao que me había lanzado "esa cosa", que saltara para despingarlo ahí mismo:

"¡ARRIBA, PA'QUÍ CONMIGO, SI TIENE COJONES!"

Curiosamente, uno de ellos se incorporaba en su cama de manera intermitente y me pedía por señas, con su índice sobre su boca, que me callara. Se sentaba, hacía su gesto y volvía a acostarse, tapándose la cabeza con su sábana. Hizo eso como tres veces, sin emitir ningún otro sonido que un "shhh" insistente. En unos instantes, yo iba a entender por qué.

De repente se abrió violentamente la puerta del albergue e irrumpieron en él dos profesores. Uno de ellos era Parra, el de Vida Interna. Cuando me vieron ahí, parado en medio del tercer cubículo, se dirigieron raudos hacia mí y exclamaron:

"¡ESTE ES EL QUE ESTABA ROBANDO LECHE!"

Yo me viré hacia ellos, manoteando y gesticulando, con el machete en la mano y replicándoles, muy zoquete:

"¿Qué pinga robando leche de qué?"

De más está decir que me tuve que explicar. Me pidieron que les mostrase mis zapatos. Los revisaron para saber si estaban sucios. Estaban limpios. Les conté que yo estaba dormido y que había pensado que alguien del tercer cubículo había querido "bayusearme", y que por eso había saltado para allá y agredido a toda esa gente. Me quitaron el machete, por supuesto. Como era también de esperarse, me preguntaron de dónde lo había sacado. Les di una respuesta inverosímil de esas, que ellos naturalmente no creyeron, pero que no les quedaba más remedio que aceptar.

Imagino que terminaron tirándome la toalla porque, uno, Parra se llevaba muy bien conmigo; dos, yo era un excelente estudiante; y tres, ellos en realidad andaban persiguiendo al que estaba robando leche esa noche, y no a mí.

También imagino que no tengo que decirles que el ladrón de leche era el que se sentaba en su cama y me repetía por señas que hiciera silencio.

Al otro día dialogué con los de onceno, sin excluir al colorao fuertón, jefe de la pandilla.

Lo que sucedió fue que el ladrón de leche entró con su lata ya vacía en el albergue. La soltó mientras huía de los profesores y se precipitó a refugiarse en su cubículo. Por casualidad, la lata rodó hasta mi litera. ¡Nunca hubo intención alguna de agredirme!

Así que el incidente les provocó a todos más risa que furia, a pesar de alguna que otra lesión leve en las canillas de algunos.

También supongo que me sirvió para ganarme el respeto de los del tercer cubículo, o para afianzarlo. Explícitamente, durante nuestro intercambio verbal para resumir lo sucedido, se habló incluso de no intenciones de agresión de parte y parte. Y yo, dado que me afirmé, también consideré moralmente saldada la deuda de ellos para conmigo.

De esta manera la paz fue pactada y nunca más hubo conflictos entre ellos y yo. Final feliz, ¿no?

Y colorín colorao, este cuento se ha acabao... y espero que ustedes lo hayan disfrutao.

Ichi

Hoy vi en Internet una foto de un viejo afiche de Zatoichi, aquel famoso masajista ciego que también era un espadachín fenomenal. El actor, Shintaro Katsu, lo interpretaba magistralmente. ¿Se acuerdan?

Eso me llevó a acordarme de aquel vagabundo que asolaba los pilotajes de La Vocacional al que cariñosamente llamábamos "Ichi", supongo que porque se parecía físicamente a Zatoichi.

Le decíamos "Ichi, ¡saca la corbata!", y él sacaba su enorme lengua y nosotros nos regocijábamos.

Ichi no hablaba, padecía de algún tipo de retraso mental.

Una vez un hijoeputa lo atrajo al borde de los albergues para que le lanzaran un cubo de agua. Fui testigo de ese espectáculo, que me pareció sumamente cruel. Ver a Ichi ahí, empapado e indefenso mientras la gente reía, me partió el corazón.

A veces su mamá, una señora trigueña de dura mirada, venía a buscarlo, tal vez para protegerlo de alguna que otra atrocidad como esa... o quizás simplemente para que fuera a comer o a dormir.

Ichi y su mamá se veían pobres e infelices, desamparados. Me los representaba viviendo en una choza en Villa Mariana o en algún otro lugar cercano e insalubre.

Hoy pienso que Ichi fue como nuestro Caballero de París. No sé qué simbolizaba exactamente en mi imaginación, pero algo místico había en él, algo que lo trascendía... Tampoco sé si aún vive. Solo sé que su recuerdo sigue recogiendo tarecos inútiles por los pilotajes de nuestra escuela y provocándome una dulce nostalgia, incluso si es cierto que algunas muchachitas le tenían miedo.

En fin... ¿ustedes recuerdan a Ichi? ¡Yo sí!

De cómo se evitó un incendio... o un quemado grave

La memoria me falla y por eso no recuerdo su nombre, pero el jefe de mi albergue, el 4, era un mulatón fuertón que era al menos un año más viejo que yo.

Una vez, no sé qué coño me pasó por la cabeza, pero el socio estaba bocabajo leyendo en su litera, y yo vine por detrás de él y le puse una pila de periódicos estrujados alrededor de los pies sin que se diera cuenta. Entonces vertí un poco de alcohol 90 sobre los periódicos, saqué unos fósforos del bolsillo y le prendí fuego a aquello.

En el mismísimo instante en el que le prendía fuego al montículo de papel erigido sobre los pies del socio, entra el profesor Parra por la puerta del albergue y me agarra en plena ejecución de la broma... o de lo que yo creía que era una.

Yo me quedé en una pieza. Lo que sucedió en ese momento fue sin embargo surrealista. Con una calma alucinante, Parra le dice al jefe de albergue, apuntándome con su barbilla:

—Fulano, ¿usted tiene suficiente confianza con Ionel para que él le haga eso?

El socio mira para atrás por encima de su hombro, pero no ve nada. Se vuelve hacia Parra y le dice:

—¿Qué?

Yo continuaba "congelado", mirando a Parra mientras el fuego crecía ante mis ojos… y Parra continuaba con tremenda calma, indicándole al socio que había "algo" en sus pies; hasta que el socio finalmente siente que las piernas se le están quemando y se vira de nuevo y ve al fin "la candelá" y empieza a aullar y a dar brincos, tirándose rápidamente de su litera.

Yo, que ya comenzaba a preguntarme que qué iba a pasar conmigo, puesto que me habían agarrado "in fraganti", me "activé" por fin.

Tomé una almohada y me puse a apagar el fuego sobre la litera, mientras que el socio y Parra apagaban a su vez las llamas que se habían dispersado por el suelo.

Cuando la emergencia pasó, sentí una vergüenza tremenda. No había calculado las posibles consecuencias de mi "broma". Por suerte, tanto Parra como mi jefe de albergue se mostraron benévolos, mientras me preguntaban que qué bicho me había picado.

Yo, sin mucho susto pero sí muy arrepentido, admití que la ocurrencia que había tenido había sido una mayúscula estupidez, y les pedí disculpas con humildad.

Pero… ¿se imaginan qué hubiese podido suceder si Parra no hubiese entrado por esa puerta en el momento en el que lo hizo?

Aquellos ojos negros

Hoy recuerdo una "gracia" que circulaba entre varios profesores de sexo masculino. Fue que cuando uno de ellos intentaba convencer a una estudiante para sodomizarla, los otros estaban de "mirahuecos" o escuchando, y escucharon a la muchachita suplicar "¡Considérame, Fulano! ¡Considérame!" En la época yo también me reí del "chiste". Y bueno, admitámoslo, los hombres todos fantaseamos con transgredir los rincones más prohibidos de la intimidad de la mujer... ¿pero hacerlo con una menor de edad? ¿y para vanagloriarse delante de los demás?

Pero esa no es la historia de hoy, sino esta otra:

Yo estaba en noveno o en décimo grado, y todavía no había tenido relaciones sexuales. Estaba un día conversando de sexo con un amigo estudiante y con un profesor. No diré nombres. Mi amigo y yo nos las dábamos de "expertos", diciendo que había que hacerle a la jebita "esto y aquello", mientras el profesor se sonreía con sorna de nuestra inocencia.

Parece que era yo el más entusiasta, por lo que el profesor me dijo al fin:

—¿Quieres estar con una jeba esta misma noche?

Yo respondí afirmativamente, de modo que el profe continuó:

—Me traes una botella de ron, y esta misma noche tiemplas con una. Me la traes a tal hora a tal lugar, y ya.

¡Trato hecho! Así que, por la tardecita, no sin cierta ansiedad, me "alcé" (léase "salí de la escuela sin autorización") con mi amigo pa'l Policentro, que era un lugar en el que vendían comida y bebidas, y compré una botella de ron – sí, a los menores de edad nos vendían bebidas alcohólicas en ese establecimiento, sin hacernos preguntas.

Por la noche acudí solo a la cita, tal como lo habíamos acordado. El profesor me esperaba en cierto lugar (que no declararé para no dar mucha información), y allí mismo le di su botella de ron y él me dio la llave del local. Me dijo que la jebita me estaba esperando allí dentro, y se marchó.

Entré, y en la penumbra vi efectivamente a una muchacha que me esperaba, ya medio desnuda. El tiempo se detuvo. Yo la conocía de vista. Era un año menor que yo. No recuerdo su nombre, creo que nunca lo supe, pero sí podría describir detalladamente su físico. Sin embargo, no lo haré. Solo diré que ella me miró con sus inmensos ojos obscuros, mientras a mí un nudo me apretaba la boca del estómago.

De más está decir que no pude ni acercarme a ella. Luego de unos minutos que me parecieron siglos, sin decir siquiera una palabra me di media vuelta y me marché a mi albergue. Era de noche tarde.

Curiosamente, no tengo recuerdo alguno de haber conversado con mi amigo a mi regreso, aunque es muy probable que él estuviese esperándome para que yo le contase. Tampoco recuerdo haber hablado del tema al otro día con el profesor en cuestión. No recuerdo siquiera haber entrado al albergue o haberme acostado. Solo me veo a mí mismo caminando apurado por el edificio docente, y luego de eso... ¡nada más! La memoria es rara y borra todo lo que la traumatiza, supongo que como mecanismo de defensa. De manera que lo he olvidado casi todo.

Pero esos grandes ojos obscuros que me miraron fijamente aquella noche, ¡esos nunca los olvidaré!

La tarjetica de señalamientos y los pases cortos

Cuentan que la idea de la tarjetica de señalamientos la tuvo el padre de un alumno de la escuela –seguramente un papá muy maquiavélico o sádico… o sencillamente muy "revolucionario". La implementaron cuando yo estaba en séptimo grado, y sufrí su existencia durante los seis años que estudié en La Vocacional. No sé si siguió existiendo después.

Se trataba de una tarjeta que se le daba a cada estudiante. Si uno cometía una indisciplina, un profesor o un responsable podía pedírtela y escribir en ella "un señalamiento".

Los señalamientos eran menciones a comportamientos que violaban el código disciplinario y casi siempre comenzaban con la palabra "por". Por ejemplo:

"Por estar jugando de manos en el pasillo aéreo."

"Por no hacer la tarea de geografía."

"Por faltarle el respeto al profesor Fulano."

Y así sucesivamente.

Al acumular creo que tres señalamientos leves, o uno grave (como faltarle el respeto a un profesor), te quedabas sin "pase corto".

Los "pases cortos" eran los permisos para ir a casa en los que partías el sábado al mediodía y regresabas a la escuela el domingo por la noche. Los "pases largos", en los que te ibas a casa los viernes por la tarde, no eran anulables. Los cortos, sí; por eso también les llamaban "pases meritorios", o sea, que se te otorgaban por mérito, porque teóricamente te los habías ganado.

Supongo que este modelo de pases meritorios estaba inspirado en el sistema carcelario… o quizás en el militar, que no es lo mismo, pero es (casi) igual.

Como los pases cortos y largos se alternaban, si te portabas mal y perdías un pase corto, te pasabas quince días sin ir a tu casa.

Yo me quedé "sin pase" un par de veces. Ya no recuerdo las causas de ninguna de las ocasiones en las que eso me sucedió, pero sí recuerdo el sentimiento de zozobra que me provocaba que un profesor me dijera "¡dame tu tarjeta de disciplina!" Cada vez que eso sucedía, el corazón siempre se te paralizaba, a menos que fueses muy indisciplinado y estuvieses ya acostumbrado a que "te rayaran".

¡Ah! Porque para comunicarles a los otros estudiantes que te habían puesto un señalamiento, a menudo decíamos "me rayaron". No sé si hay alguna relación con eso que dicen sobre las rayas del tigre –aquello de "al tigre no le importa tener una raya más". Aunque creo que tiene más que ver con el hecho de que escribir en la tarjeta se hacía con lapicero, por lo que era como si te la garabatearan o te la rayaran.

Cuando uno se quedaba un fin de semana sin pase, castigado en la escuela, normalmente lo ponían a limpiar algún local o pasillo aéreo, o a chapear un jardín, o a recoger basura por los pilotajes u otras áreas. A esto último le llamaban "hacer guardia vieja". Seguramente recuerdan la consigna "¡estudio, trabajo, fusil!" de la Unión de Jóvenes Comunistas, ¿verdad? Bueno, perder un pase implicaba sobre todo la parte de "trabajo" que está en esa consigna.

Pero durante los atardeceres y las noches ya no hacíamos nada; y entonces la inmensa escuela vacía se transformaba en un gran terreno de juego para los pocos estudiantes que estábamos sin pase y, a esas horas, ya sin supervisión directa por parte de los profesores.

Una vez me quedé sin pase junto a un amigo mío de Florida, un negrito paluchero con el que me unía, entre otras cosas, el gusto por el judo y otros deportes de combate, por lo que su compañía era excelente en aquella soledad.

Por casualidad, hacía unas semanas habíamos visto juntos, él y yo, un estudiante que andaba con un pichón de lechuza. El animalito era como un polluelo blanco, peludo y gritón. Parecía salido de un dibujo animado. El muchacho que andaba con el pichón nos dijo que lo había encontrado mientras exploraba por dentro el tanque de agua de la escuela, aquel inmenso hongo que tenía no sé cuántos metros de altura.

Mi compañero de castigo había quedado obsesionado con la lechucita. Por eso, al caer la tarde aquel día, cuando ya habíamos finalizado de trabajar, me dijo que era hora de salir a buscar su pichón de lechuza. Había que escalar hasta el tope del tanque por dentro del angosto, húmedo y poco iluminado cuerpo del hongo, subiendo por unas escalerillas oxidadas bastante inseguras y llenas de cagadas de pájaros.

La idea de subir con él no me agradaba mucho. Igual, lo acompañé hasta la base del tanque y al final logré convencerlo de que yo vigilaría, por si un profesor de guardia venía mientras él buscaba su pichón –o sea, digámoslo bien bajito, me apendejé, jejeje.

Ahí me quedé entonces, esperándolo al pie del tanque mientras él iniciaba su ascenso.

Tardó muchísimo. Era ya casi de noche cuando me comunicó desde arriba que iba a empezar a descender. Me sentí aliviado cuando lo vi por fin atravesar la precaria reja hecha de cabillas torcidas que cumplía con patética inutilidad la función de "puerta del tanque".

Regresó con las manos vacías. Durante los días que siguieron, estuvimos hablando de volver a intentarlo, porque él no abandonaba la idea de hacerse de su pichón de lechuza.

Sin embargo, ya no lo intentamos más. Tal vez si nos hubiésemos vuelto a quedar sin pase juntos, nos hubiésemos encaramado en el tanque para continuar la búsqueda –él una vez más, y yo, quizás, por primera vez. Pero, gracias a Dios, mi amigo y yo no volvimos jamás a coincidir durante un fin de semana de castigo.

Neologismos vocacionales

Solíamos inventar palabras, ¿recuerdan? Como, por ejemplo, "clubpetón", que era algo así como "miembro ilustre del club de los feos", porque unos iletrados socios de Morón habían inventado las siglas CLUB, que querían decir "Consejo de Locos Uyéndole (sic) a la Belleza" – ¡uy! "Huyendo" sin hache, ya sé.

También existía la palabra "petera", para referirse a una muela tabacosa e insoportable. No sé si la inventamos nosotros, pero la escuché por primera vez en la escuela. Y un "peteroso" era un tabacoso, un muelero, uno cuyo discurso se volvía exasperante, aburrido y fatigante. Había, por ejemplo, profesores muy peterosos… y políticos también, pero de esto último no se podía hablar, so pena de ser acusado de "diversionismo ideológico" y expulsado deshonrosamente de la escuela.

Otras veces asignábamos nuevos significados a palabras que existían ya. Por ejemplo, José Luis, el mismo amigo de la historia aquella de la aspirina y El Huevo, una vez fue a dar a la cafetería El Sorrento. ¿La recuerdan? El socio regresó a la escuela diciendo que había comido en la cafetería "El Sorbeto". Alguien le dijo: "¿El Sorbeto? ¡El sorbetoso eres tú!"

Así, a partir de ese día, todo disparate, barbarismo o error garrafal se convirtió en "un sorbeto". Y todo aquel que cometía muchos errores, o faltas de ortografía, o que era impreciso al hablar, se convirtió en "un sorbetoso".

Otro vocablo pintoresco, derivado de uno de esos "sorbetos", fue "tifuti", que empezamos a utilizar para referirnos a la peste a sicote —o "peste a pata", como también solíamos decir. Un amigo de Fallas lo creó al pronunciar mal la palabra "tufito", diminutivo de "tufo".

Y otra palabra realmente cómica, cuya etimología sí desconozco, era "fitina", para referirse al mal aliento o a la "peste a boca". Fitina creo que era un medicamento que alguna vez existió para mejorar la memoria. Supongo que algún estudiante que padecía de halitosis mencionó un día ese medicamento.

Por eso, ¡que no te dijeran "tienes fitina y tifuti"!

Sí, nuestra jerga era una locura, casi como las que se inventan en las cárceles. Hoy tendríamos un "Diccionario del Tío Cheto" propio de nosotros, los estudiantes de La Vocacional, si hubiésemos compilado todos aquellos vocablos.

Recetas inolvidables de La Vocacional

Hubo algunas recetas legendarias que se ofrecían en el menú del comedor de la escuela. Recuerdo varias, no precisamente con mucho cariño:

Vómito de tiburón: Era un hediondo picadillo de pescado que contenía espinas y hasta escamas, de un tinte amarillento-rojizo y textura semi-líquida. La idea era que el tiburón comía pescado en mal estado, lo masticaba y se lo tragaba, pero le hacía mala digestión... y entonces producía este picadillo cuando, asqueado, el tiburón terminaba por vomitar aquello que no le había caído bien en el estómago.

Cerilla de elefante: Este era un alimento pastoso compuesto de algún tipo de ingrediente cárnico. Su color era rosáceo. Parecía pasta de bocadito o una especie de picadillo muy fino, pero olía mal, como a carne en descomposición. La gente lo asociaba con la cerilla de oreja, supongo que por la textura, pero como una porción de este compuesto maloliente e intrigante era mucho más grande que una cerilla humana, los estudiantes le pusieron "cerilla de elefante".

Sopa de col: El nombre de este plato no tiene nada de extraordinario, pero su mal olor y la alta frecuencia en la que aparecía sobre nuestras bandejas de aluminio son razones suficientes como para incluirlo en esta lista. Tenía un aspecto bastante dudoso; era un líquido verde-amarillento con pedazos flácidos de coles marchitas y quizás hasta en mal estado, porque desprendía unos efluvios desagradables que hacían que nos preguntásemos si aquello era comestible o no. Cuando éramos niños hubo una serie española de marionetas titulada "Violeta y sus muñecos". En ella había un personaje que cantaba "por la mañana, plátano; al mediodía, plátano…" Inspirado en ese personaje, yo cantaba entonces "por la mañana, sopa'e col; al mediodía, sopa'e col…" Me asqueaba bastante aquel fétido caldo, pero a menudo el hambre vieja era más fuerte que el asco, y entonces yo me tapaba la nariz y me lo tomaba igual. ¿Qué remedio me quedaba?

El folklore Vocacional es muy rico. Los alimentos que comíamos, sin embargo, no todos lo eran.

Adolfito, el maestro del sable

Adolfo Castellanos, amigo de la secundaria y el preuniversitario, me permitió hacer esta historia sobre su persona, supongo que porque en ella él sale "bien parado" –jejeje.

De modo que, luego de haber obtenido su autorización firmada con sangre, aquí les va esta curiosa anécdota:

Adolfito estaba en mi albergue. Era un tipo ocurrente, risueño, jovial... Yo siempre lo aprecié mucho, pues me parecía que tenía un sentido del humor bastante atípico.

Tenía además una peculiar cualidad que muy probablemente ha hecho feliz a más de una fémina en su vida –yo me atrevo a apostarlo.

Sucede que el amigo controlaba sus funciones eréctiles a la perfección, y por eso hacía frecuentemente demostraciones públicas de sus capacidades. Cual maestro fakir o gurú en pleno control de sus facultades, a la hora del baño se abría sin pudor la toalla y "levantaba la grúa" a voluntad, progresivamente, mientras contaba "uno, dos, tres, cuatro..."

Entonces dejaba "la guardia en alto" unos instantes, y de nuevo empezaba a contar "uno, dos, tres, cuatro...", haciendo descender su miembro a su antojo.

Este proceso lo repetía varias veces, para el asombro de todos los espectadores.

¿Qué me dicen ahora? ¿Alguna lectora desea conocer a Adolfito?

La Abuela y La Batalla por el 9no Grado

"Tía" era un vocablo que empleábamos para referirnos a las empleadas de la cocina y de la limpieza. Hubo varias historias protagonizadas por ellas.

La más famosa es una que cuenta que una tía que se ocupaba del huerto escolar, donde solíamos hacer labores después de las clases, se acercó a una estudiante que estaba vagueando, para preguntarle por qué no se ponía a trabajar. La estudiante le replicó, "¡ay, tía, es que yo vine por inercia!", para decirle que había ido sencillamente porque no le quedaba más remedio, a pesar de estar muy cansada. La respuesta de la tía fue, dicen, la siguiente pregunta:

"¿Y por qué entonces Inercia no vino?"

Pero mi historia aquí es sobre una tía de aspecto bonachón a la que todos llamábamos La Abuela. Trabajaba en la cocina y tenía la apariencia de una abuelita salida de un cuento infantil, con su delantal, su gorro de cocinera y su sonrisa afable.

Una vez unos amigos me informaron que La Abuela me andaba buscando. A mí eso me sorprendió, porque nunca había tenido contacto alguno con ella, pero igual fui a verla, ¡y era verdad que deseaba conversar conmigo!

Sucedió que alguien le había dicho que yo era un excelente estudiante, y que por esa razón yo sería capaz de ayudarla con sus exámenes escritos. Pasaba que todos los empleados de la escuela estaban obligados a alcanzar el 9no grado bajo la égida de una nueva campaña gubernamental que se llamaba precisamente "La Batalla por el 9no Grado".

La Abuela necesitaba ayuda para vencer ese contenido, alguna persona le dio mi nombre y así fue como ella me buscó hasta encontrarme.

Lo que yo tenía que hacer era bastante fácil. Ella me traía todas las tareas y exámenes que le daban, para que yo los hiciese por ella; yo se los hacía, y para recompensarme ella me daba comida.

Así nos pasamos varias semanas, yo comiendo bastante mejor que el resto de los estudiantes gracias a las raciones adicionales que me daba La Abuela, y ella avanzando en su objetivo de alcanzar el 9no grado.

Con el transcurso del tiempo todo el material fue cubierto y La Abuela ya no me buscó más. Un par de veces intenté ir a verla, a ver si podía darme más comida, pero cada vez que fui, ella me esquivó con pericia, tal como las personas mañosas saben hacer.

De modo que al final desistí de buscarla, y volví de nuevo a comer normalmente, igual que todos los demás estudiantes.

Pasaron varias semanas más. Un día, en el acto matutino que cotidianamente se celebraba antes de irnos a las clases, el director de la unidad subió a La Abuela a la tarima.

Ahí, delante de todos nosotros, le otorgó un diploma para reconocer sus resultados sobresalientes en los exámenes de "La Batalla por el 9no Grado". La Abuela se veía orgullosa y feliz de haber cumplido con los objetivos que le habían asignado.

¡Qué cara más dulce tenía La Abuela!

Todos aplaudimos. Yo también aplaudí.

Pero, al mismo tiempo, no pude evitar sonreír para mis adentros.

¡Qué cara más dura tenía La Abuela!

Terror en el albergue de las muchachitas

Cuando estábamos en séptimo grado, ocurrió un hecho muy curioso que tiene que ver con una leyenda urbana muy popular en Cuba.

Dicen que en el campo, durante las noches más obscuras, asola un personaje conocido como El Resbaloso, que se lo pasa rascabuchando y es imposible de atrapar, pues es un maestro del camuflaje y de la evasión, como un ninja experto.

Siempre va enmascarado y algunos cuentan que anda embarrado de aceite o de grasa, para que sea muy difícil agarrarlo. De ahí viene su mote "El Resbaloso", además de porque rascabuchar (o "mirar huecos", como también le decimos en Cuba) es una actividad muy "resbalosa".

Pues bien, una noche estaban algunas niñas de séptimo grado en su albergue, entre las cuales se encontraba una muy cercana y querida amiga mía, cuyo nombre cambiaré por otro que rima con el suyo.

Así que hago una pausa para presentarles a Ninón, una muchachita más bien tímida, de carácter afable, y de corazón dulce y noble.

Como les decía, Ninón y otras pocas se encontraban esa noche en su albergue, justo antes de que todas las demás llegasen para acostarse a dormir.

Estaban conversando entre ellas sobre temas de muchachos, cuando una de las niñas pronunció el nombre de mi amiga a alto volumen, no sé si para llamarla desde lejos o simplemente porque estaba vociferando en vez de hablando.

El caso es que cuando aquella chiquilla dijo "¡Ninón!", de repente una aterradora y tenebrosa voz repitió, desde el techo del albergue:

"¡NINOOOOOOOÓNNN!"

Las ventanas y el piso se estremecieron, erizando los espinazos de todas las presentes. Cundió el pánico entre las muchachitas, y la gritería monumental, el alboroto y los pedidos de socorro fueron escuchados por todos.

No sé muy bien qué sucedió justo después de que la cavernosa voz pronunciase el nombre de mi amiga, pero tengo entendido que el escurridizo personaje volvió a hacer de las suyas, al menos una vez más.

Debido a la inquietud que causaba que un rascabuchador anduviese merodeando los dormitorios de las muchachitas, se organizaron patrullas dirigidas por los profesores y en las cuales participábamos también algunos estudiantes.

Anduvimos varias semanas turnándonos, vigilando los tejados, trepando por los balcones y pararrayos, y corriendo por los aleros, pero nunca pudimos pillar al misterioso asolador nocturno.

Algunos declararon haberlo divisado alguna vez, pero dicen que era tan ágil que era imposible de atrapar –sí, ¡como un ninja experto!

De modo que jamás supimos cuál era la identidad de El Resbaloso de La Vocacional.

_•_•_•_•_•_•_•_

Décadas más tarde, mi amiga me confesó que aquellos sucesos le causaron miedos nocturnos.

No sé si todavía los sufre, pero quiero creer que ya no, pues sé que no le ha ido mal en la vida.

Así que, aun sin que hayamos atrapado al culpable, es muy posible que esta historia también tenga un final feliz.

¡Tooo-más, maricón!

Durante el tiempo en el que estudiantes y profesores patrullábamos los tejados de la escuela intentando capturar a El Resbaloso de La Vocacional, sucedió que "encontraron clavao" a un muchachito de octavo grado sobre uno de los tejados.

"Encontrar clavao" a alguien, significa sorprenderlo en medio de un acto homosexual, mientras se hace penetrar por otro.

Llamémosle "Tomás" al muchachito que "encontraron clavao", aunque ese no es su verdadero nombre, y olvidemos al que lo estaba "clavando", porque en Cuba se consideraba menos bochornoso ser bugarrón que ser maricón, de modo que el nombre del bugarrón ya nadie lo recuerda.

El caso es que Tomás fue sorprendido en ese acto, y como automáticamente eso representaba el repudio de todo el estudiantado, de inmediato lo separaron de todos los demás alumnos y lo pusieron bajo la protección directa de los profesores, muchos de los cuales lo protegerían seguramente porque no les quedaba más remedio.

De todas maneras, a los maricones "declarados", en la época los expulsaban de las escuelas sin muchos miramientos, así que los profesores bajo cuyo amparo se hallaría temporalmente Tomás, sabían que "la bochornosa tarea de proteger a un maricón" no iba a durar demasiado tiempo.

El día que Tomás sería expulsado de la escuela, yo me encontraba en estado contemplativo en el balcón de mi alberque, el cual tenía una preciosa vista sobre el pasillo aéreo que conectaba el edificio docente con los dormitorios.

Desde allí podía divisar la gran explanada que separaba los dos bloques de edificios, y también podía ver gran parte de los pilotajes.

En eso veo a Tomás pasar por el pasillo y rumbo a los albergues, junto a una profesora. Era un muchacho muy blanco, medio gordito, de cabellos negros un tanto crespos y cejas espesas.

Vi a ambos alejarse hacia mi derecha, dirección hacia la cual también se encontraba el policlínico de la escuela, hasta que desaparecieron de mi vista.

Volví a sumergirme en mi estado contemplativo y medio soporoso, hasta que unos minutos más tarde empiezo a escuchar como un clamor creciente, una especie de murmullo cada vez más intenso que parecía venir de todas partes.

Regresé a la realidad y de repente distinguí una masa amorfa de estudiantes que, a lo lejos y a mi derecha, gritaba y parecía echar humo, como una maquinaria descerebrada e infernal que se acercaba a todo tren, intentando alcanzar a una pequeña figura humana que corría delante de ella.

La figura humana era Tomás, que huía despavorido de sus perseguidores. Los estudiantes, armados de palos y piedras, gritaban a todo pulmón "¡Tooo-más, maricón! ¡Tooo-más, maricón!" mientras corrían tras él.

Desde los balcones, otros estudiantes también se sumaron a lo que parecía un espectáculo digno del Circo Romano:

"¡TOOO-MÁS, MARICÓN! ¡TOOO-MÁS, MARICÓN!"

La horda con sed de linchar al pobre Tomás pasó por debajo de mi campo visual y los vi perderse persiguiendo a su infeliz víctima bajo los pilotajes del edificio docente, que más allá conectaba con La Plaza de Las Banderas, y que desde mi posición no podía ya ver.

Esa fue la parte de la historia de la cual yo fui testigo directo.

Ahora, aquí les cuento lo que otros me contaron:

Aparentemente, desde temprano en la mañana, una turba creciente de estudiantes que sabían que sería el último día de Tomás en La Vocacional, había comenzado a organizarse para atacar al muchacho.

Cuando desde mi balcón vi a Tomás y a la profesora, los dos se dirigían efectivamente hacia el policlínico de la escuela.

Dicen que ante un descuido de ella, no sabemos si intencional o no, Tomás quedó momentáneamente sin protección y entones allí fue que la turba aprovechó para irle encima.

Largos segundos más tardes, la persecución de la cual fui testigo terminó en La Plaza de Las Banderas, como bien lo suponía.

Allí cuentan que el papá de Tomás lo estaba esperando, al lado de un Lada. El hombre le hizo frente a la multitud, y logró contenerla un poco y hacer entrar a su hijo en el auto. No obstante, algunos le gritaban "¡señor, su hijo es maricón!" y otros improperios.

Luego, cuando ya se marchaban, también cuentan que la turba todavía daba golpes sobre la carrocería del coche mientras continuaba gritando "¡Tooo-más, maricón! ¡Tooo-más, maricón!"

A pesar de los muchos años que han transcurrido, esos bochornosos gritos deben aún resonar dentro de las cabezas de Tomás y de su padre, muy probablemente muchísimo más fuertes que dentro de la mía, en los que todavía, no obstante, también resuenan –"¡Tooo-más, maricón! ¡Tooo-más, maricón!"

Aventuras y desventuras de El Rosadito

Existió en La Vocacional un muchacho un par de años más joven que yo, que lucía como una versión mejorada y delicada de Freddie Mercury. Debido a su amaneramiento y a su piel muy blanca, le apodaban "El Rosadito" –bueno, su apodo no era exactamente ese, pero por ahí andaba.

Cuentan que El Rosadito fue una vez secuestrado por las chicas de El Cinecito y que lo ataron desnudo a una cama. Cuentan que varias chicas de ese albergue, de las que se dice que delante de todas se introducían botellas en la vagina para demostrarles a las otras que ya no eran vírgenes, restregaron sus cuerpos desnudos contra él, diciéndole frases como "¡mira, maricón, esto es un bollo!"

El Rosadito también era víctima de acoso por parte de los varones. Yo no fui testigo directo de abusos implicándolo, pero sí fui testigo de otros abusos y puedo imaginar que la vida de El Rosadito en su propio albergue no era precisamente fácil.

Así que, un día, el papá de El Rosadito se apareció en la escuela para denunciar los maltratos que el muchacho sufría. La historia la contaba con orgullo un bigotudo profesor que por un tiempo fue director de Vida Interna o Producción. No voy a mencionar su nombre explícitamente, para no ofender su memoria, pero sí diré que su apellido hacía pensar en ciertos peces comestibles.

Este profe era un tipo muy macho, muy popular entre los estudiantes. Tenía reputación de "hombrín", de ser justo y fiel a su palabra. Él resultó ser el interlocutor del papá de El Rosadito cuando este fue a la escuela a quejarse. El diálogo, según contaba el propio profesor, transcurrió más o menos así:

—Vengo a quejarme, porque un grupo de estudiantes abusan de mi hijo y hasta le enseñan el pene erecto.

—¿Qué pene erecto de qué? ¡LA PINGA PARÁ!

—Ay, ¡pero no puedo creer que Usted sea como esos que abusan de mi hijo!

—¡Y yo no puedo creer que Usted sea tan maricón como su hijo!

Pan Viejo

Érase una vez un muchacho entre rubio y pelirrojo, de sonrisa burlona y no muy alto, que tenía fama de ocurrente. Solía jugar al fútbol, era un excelente delantero. Por el tinte de su piel todos le llamábamos "Pan Viejo".

Una vez, Pan Viejo se refugió en el fondo del dormitorio luego de haberse bañado. Envuelto en una toalla, estaba comiéndose secretamente una tina de helado él solito, para no tener que compartirla con nadie.

Abro paréntesis: yo también hice algo similar en una ocasión, pero oculto en un rincón de los pilotajes y, por supuesto, vestido. Me comí en solitario una tina de helado (de chocolate, naturalmente) que compré en el merendero de la escuela, de aquellas de no sé cuántos litros. Cuando me llenaba, me metía el dedo hasta el fondo de la garganta, vomitaba el helado que había tragado y seguía comiendo. No paré hasta verle el fondo a la tina.

Pero cerremos el paréntesis y regresemos a Pan Viejo, a quien dejamos saciando su hambre vieja en un lugar donde otros estudiantes podían descubrirlo fácilmente, envuelto en una toalla de baño como única vestimenta.

Cuando sus compañeros de dormitorio detectaron que Pan Viejo estaba comiendo a solas, empezaron a merodearlo en silencio, hasta que se animaron a irle encima para arrebatarle el helado.

Se armó el forcejeo, pero Pan Viejo, en una proeza atlética motivada por un ataque de tacañería extrema y por un agudo instinto de supervivencia, de algún modo logró escapar, y salió del albergue tina en mano y corriendo a toda velocidad, mientras una turba de muchachos le pisaba los talones.

Pan Viejo corrió y corrió, más que como un delantero de fútbol tradicional, como un jugador de fútbol americano que transporta el balón en sus manos, yarda tras yarda. Así fue a dar precisamente al campo de fútbol, donde ya terminaron por alcanzarlo.

Lo primero que le arrebataron fue la toalla, pero él siguió corriendo, pelotas al aire. Instantes después le dieron un brutal empujón por la espalda. Pan Viejo trastrabilló. Lo que llevaba en sus manos rodó por el suelo, con él acto seguido mordiendo el polvo. Sus perseguidores saltaron por encima de Pan Viejo, abalanzándose desaforadamente sobre la tina de helado, que era lo que en realidad les importaba.

Y fue de esta manera que Pan Viejo se hizo aún más famoso, por gandío y por encueruso.

_-•-_-•-_-•-_-•-_-•-_

Otra vez, varios estudiantes de La Vocacional estábamos en la playa, conversando agachados, formando un círculo sobre la arena. De repente sentimos tremenda peste a mierda. Empezamos a mirar a nuestro alrededor intentando descubrir de dónde venía aquella fetidez, hasta que nos dimos cuenta de que era Pan Viejo, que había abierto un hueco en la arena y se había echado la trusa hacia un lado, poniéndose así a cagar mientras conversábamos. Todos nos levantamos al mismo tiempo, con cara de asombro y apartándonos de él inmediatamente, a la vez que le gritábamos "¡cojone', Pan Viejo!" y él nos gritaba "¡no se vayan, cojoneee', háganme la media!"

El mejor mafuco de todos los tiempos

Un día, un amigo mío y yo decidimos preparar un mafuco. La receta es bien simple:

Buscas un recipiente de vidrio con suficiente capacidad, preferiblemente un pomo de boca ancha, como fue nuestro caso, y entonces le echas dentro cuanta materia apestosa o que pueda descomponerse encuentres.

Nosotros lo que hicimos fue orinar dentro del pomo, y luego defecamos en unos cartuchos, para poder añadir más tarde nuestros excrementos a la base de orine.

También conseguimos en el comedor varios pescados en mal estado, más unos cuantos huevos –no sé si culecos, pero da igual.

Una vez que lo has mezclado todo, cierras bien la tapa del recipiente, y lo entierras en donde le dé el sol, dejándolo ahí por unos días. Cuando lo desentierras, lo que tienes entre tus manos es una bomba vomitiva.

Es así como se prepara un mafuco.

En cuanto estuvo lista la mezcla del nuestro, mi amigo y yo sellamos bien el recipiente y lo enterramos en un lugar estratégico, un claro en medio de los marabusales que estaban detrás de la escuela, y ahí lo dejamos por un buen tiempo, tomando sol, fermentándose e incrementando su poder letal, mientras imaginábamos qué uso le íbamos a dar.

En el momento de recuperarlo, ya nuestro plan estaba claro. Habíamos decidido tirarlo en la dirección general de la escuela, al lado de La Plaza de Las Banderas.

En la época, el director era un mulato que no era mala gente, creo que se llamaba Robertico o algo así. Daba igual; buena gente o no, dedicarles un buen mafuco al director y a su dirección era una oportunidad única para pasar de rebeldes sin causa, a rebeldes sin causa, pero con resultados.

Oh, sí, mariconá con el cocodrilo, ¿y qué?

El día que desenterramos el mafuco, lo ocultamos en nuestro albergue hasta que cayera la noche, en el espacio que había entre las duchas y "los totos" –así les llamábamos a los servicios sanitarios, que eran de marca Toto, hechos aparentemente en Japón.

Pasada la medianoche llegó por fin el momento de entrar en acción. Sacamos el oprobioso artefacto de su escondite, y con nuestras cabezas envueltas con camisas de trabajo, para que nadie pudiese reconocernos, ejecutamos la operación furtiva de bautizar la dirección general con nuestro potente mafuco.

Lo lanzamos contra uno de los marcos de la puerta del local en cuestión y aquello explotó haciendo un ruido como de gases que se liberan —¡PAH!

El éxito de nuestra operación fue rotundo.

El pestilente compuesto (o más bien la pestilente materia descompuesta) se deslizó por la madera y parte de la pared hasta el piso, impregnando con su hedor todo lo que encontró a su paso.

Parece que este mafuco tenía además un componente corrosivo o algo, porque también manchaba. Esa noche no lo notamos, por supuesto, pero al otro día sí, y al otro también, y al otro y al otro… y así sucesivamente.

La mancha en la puerta de la dirección general duró semanas. La peste no duró tanto, pero también duró. Seguramente algunos estudiantes recuerdan ambas cosas —la mancha y la peste persistentes.

Hoy puedo ya por fin declarar públicamente, y hasta con cierto orgullo, que esa mancha y esa peste en la dirección general de La Vocacional fueron causadas por nuestro magnífico mafuco, ¡el mejor mafuco de todos los tiempos!

El precio de un pase

Había una vez un profesor cuyo físico peculiar le daba un aspecto repulsivo. Transpiraba copiosamente además, y su mirada estaba llena de morbo. Ocupaba un puesto de dirección, no recuerdo exactamente cuál, pero debido a eso tenía cierto poder para otorgar permisos de salida de la escuela a los estudiantes. A esos permisos les llamábamos "pases", término de corte militar.

En mi grupo había dos muchachas bastante más adelantadas que el resto de nosotros en cuanto a los menesteres de la carne. Ambas eran muy atractivas y, a pesar de sus cortas edades y sus mentes todavía casi infantiles, sus magníficos cuerpos ya poseían atributos femeninos dignos de la Venus de Milo o de las Criollitas de Wilson.

Yo me llevaba bien con las dos, éramos buenos amigos. Fue así como supe que ambas, para poder salir de pase cuando lo deseaban, todo lo que hacían era acudir al empoderado profesor de físico repugnante y negociar inteligentemente con él.

El precio a pagar, como resultado de aquellas negociaciones, no era más que dejarse succionar un seno por el profe en cuestión. A las chicas no les costaba mucho más que un cosquilleo, después de todo no tan desagradable; luego podían marcharse a la ciudad a pasear, o incluso llegaban un instante por sus hogares a matar un poco el hambre y a impregnarse de amor filial, junto a sus respectivos padres y hermanos.

Pero a veces el morboso y poco agraciado profesor, insatisfecho luego de haber succionado un solo seno fresco y juvenil, intentaba negociar una mejor recompensa. Mis amigas me contaron, pícaras, que desesperado por saciar su sed de lujuria, a veces él les suplicaba:

"Ay, ¡déjame mamarte también la otra tetica!"

Jugando a la guerra noche y día

Estando en décimo grado, en algún momento y por alguna razón extraña que no recuerdo, cuatro estudiantes de mi grupo tuvimos acceso libre, durante unos cuantos días, a las escopetas de pellets de Cátedra Militar.

Muchachos al fin y al cabo, las armas nos fascinaban, así que poder manipularlas a nuestro antojo era una experiencia casi extática.

Durante los primeros días en los que podíamos hacer lo que quisiéramos con las escopetas, nos íbamos a lugares apartados a tirar, afinando la puntería contra latas y botellas… ¡y hasta usando cigarrillos y tallos de plantas como blancos!

Luego nos pusimos más creativos y empezamos a jugar a "cazar" a las personas que corrían en la pista de atletismo que estaba al lado de la fábrica de cerveza. "Cacería humana" –decíamos. Nos buscábamos un escondite desde el cual tuviésemos buena visibilidad, y como las escopetas de pellets apenas hacían ruido, pues "aniquilábamos" a algunos corredores, que al recibir los impactos de los pellets no podían siquiera imaginar qué había sucedido mientras se retorcían del dolor. ¡Nos creíamos verdaderos francotiradores!

Por suerte no sucedió nunca accidente alguno, no le sacamos un ojo a nadie y tampoco nos descubrieron jamás.

Pero en la tercera etapa de nuestro período de libertinaje con las escopetas llegamos ya a otro nivel. Decidimos jugar "a los tiros" con ellas.

Formamos dos equipos, de dos personas cada uno. La regla principal era no tirar del cuello para arriba. La otra regla era que, si te daban, ya estabas "muerto" y no podías disparar más hasta que una nueva ronda del juego comenzara.

Naturalmente, no cumplimos ninguna de las dos reglas. Sentir zumbar los pellets por encima de nuestras cabezas era excitante, y si llegaban a darnos un "perlazo" (como decíamos), pues aguantábamos el dolor como hombrecitos y seguíamos jugando.

Hasta que sucedió un evento que puso punto final a toda la gracia.

Pasó que los ánimos estaban muy caldeados durante una de nuestras batallas. Uno de mis oponentes me disparó desde una distancia muy cercana, sin llegar a tocarme, y aprovechando entonces que él tenía que volver a cargar su escopeta para poder disparar de nuevo, salí como un relámpago de donde yo estaba atrincherado, cubriendo la distancia que me separaba de él en un santiamén, y le disparé a bocajarro.

La suerte fue que sí respeté la primera regla. Pero la mala suerte fue que el pellet que le tiré a mi amigo le penetró por el ombligo.

Hubo sangre y aullidos de dolor. Mucho miedo también. El vientre del amigo se veía mal; yo pensé que se le saldrían los mondongos.

Corrimos con el herido para el policlínico de la escuela, rezándoles a todos los santos, aunque no sabíamos ni un carajo de religión. Allí lo intervinieron y le extrajeron el pellet, que afortunadamente no había llegado muy profundo ni había tocado órgano alguno ni ninguna arteria importante, a pesar del sangramiento.

Ahora bien, como la causa de la lesión del amigo era visiblemente un pellet y no había manera de ocultarlo o de negarlo, pues no nos quedó más remedio que contar toda la verdad sin omitir detalles.

No se tomó ninguna medida disciplinaria formal contra nosotros, aunque supongo que al profesor de Cátedra Militar lo amonestaron por habernos dejado utilizar las escopetas sin supervisión, porque nos dio una fuerte reprimenda y, por supuesto, nunca más nos permitió tocarlas.

¡Qué injusticia! Honestamente, yo nos habría dado una segunda oportunidad.

Incluso si hubiésemos vuelto a jugar a la guerra, la próxima vez íbamos a ser más cuidadosos y más responsables, ¿verdad?

Tabatha Twitchit

Mi gentil profesora de inglés era muy joven, apenas unos seis o siete años mayor que nosotros. Tenía un rostro de una belleza peculiar; sus caderas, piernas y senos eran firmes, y su compacto cuerpo le recitaba una oda a la sensualidad con cada gesto que hacía.

Cuando te miraba con sus enormes ojos, su penetrante mirada, luego de atravesar los espesos cristales de sus espejuelos, a continuación te atravesaba el pecho y te partía para siempre el corazón, haciéndote sentir que lo único que había en el mundo era su exquisito olor de mujer fértil, su cabellera revuelta, sus húmedos labios… y su voz.

Ah, su voz… ¡qué voz! Era tibia y profunda, con ricos armónicos graves; se abría paso por tus oídos, acariciándote el tronco cerebral con suavidad y firmeza a la vez, y luego te bajaba por todo el espinazo hasta provocarte latidos lascivos entre los muslos.

La Teacher (como le llamábamos) era, en pocas palabras, una mujer de menuda talla e irresistiblemente atractiva, cuya simple presencia podía hacer que tus piernas temblasen y que en tu mente apareciesen imágenes que harían ruborizar hasta al mismísimo Eros.

Así y todo, yo lograba concentrarme en las clases de inglés, porque esa era una de mis asignaturas preferidas.

A veces, algunos estudiantes nos quedábamos después del turno de La Teacher, y de la manera más natural del mundo ella se ponía a conversar con nosotros; y nosotros aprovechábamos esos momentos para aprender un poco más, analizando junto a ella la letra de alguna canción de Wham! o de Air Supply o de Los Beatles, al mismo tiempo que les dábamos rienda suelta a las más atrevidas fantasías que podían caber en nuestras cabecitas púberes.

La Teacher no solamente era atractivísima, sino también muy dedicada a su profesión y muy muy muy cool.

_•_•_•_•_•_•_•_

Cuando yo estaba en onceno grado, o tal vez en duodécimo, hacía poco había hecho las pruebas para ser piloto, pues de niño me fascinaban los aviones.

Había estado un par de años en el Círculo de Interés Vocacional de aviación agrícola, tan solo para ver de cerca los biplanos AN-2 y los Dromedarios polacos. Soñaba con volar yo mismo uno de esos aparatos, para sentirme dueño del cielo y de la tierra.

Aún hoy en día veo un avión y me es casi imposible quitarle la vista de encima. Salvando las diferencias y los propósitos, yo diría que los aviones me atraen todavía casi tanto como me atraía La Teacher durante mi adolescencia. ¡Mi vocación por la carrera de piloto no era poca!

Como parte de los exámenes de aptitudes para ser piloto, a los cuales fui invitado luego de un riguroso proceso de preselección, había tests psicométricos y también físicos. En los tests físicos no me fue mal, pero en los psicométricos obtuve resultados realmente sobresalientes.

Al concluir todo el proceso, un oficial me preguntó si yo era militante de la UJC (Unión de Jóvenes Comunistas). Le dije que no. Me escudriñó durante unos segundos y finalmente me dijo:

"Tú debes ser tremendo jodedor, porque con esas aptitudes mentales y esas notas es muy extraño que no seas 'de la Juventud'."

A mí de daba igual lo que él dijera. Yo en realidad era inmaduro, no jodedor… aunque tampoco era chivato y me caían super mal los simulacros de elevada moral que practicaban los militantes comunistas, así como las reuniones interminables, "la crítica y la autocrítica", los trabajos "voluntarios", los slogans revolucionarios y toda esa porquería.

Pero no respondí nada a lo que el oficial me dijo; simplemente le dediqué la sonrisa más inocente que pude dibujarle en mi rostro, y me encogí de hombros de manera casi imperceptible.

Terminé aquellas pruebas para ser piloto bastante ilusionado, ansioso por recibir los resultados, aunque estaba consciente de que escogerían solamente a unos pocos de entre las varias centenas de muchachos que las hacíamos.

_•_•_•_•_•_•_

Un buen día, por fin llegaron los resultados de los tests a la escuela y nos enteramos que habían escogido únicamente a tres estudiantes, uno para piloto de caza, uno para piloto de helicópteros y uno para piloto de aviones de transporte.

Para mi asombro, orgullo y beneplácito, ese último estudiante, el aceptado para ser piloto de transporte, resultó ser este humilde servidor.

Así fue como, entre un turno de clases y otro, tuve que ir a la dirección de la escuela para recoger unas planillas que hacía falta llenar. Era la manera de aceptar formalmente la codiciada plaza que se me otorgaba en la academia militar donde estudiaría para ser piloto, gracias a haber pasado satisfactoriamente los tests… ¡y a pesar de no ser todavía militante de la UJC!

¡Qué privilegio y qué suerte!

Regresé a las clases radiante, lleno de alegría por tener esas planillas entre mis manos, dispuesto a llenarlas cuidadosamente y a firmarlas en cuanto tuviese un momento de sosiego, para lo más rápidamente posible poder retornarlas a los responsables correspondientes.

Ese día, sin embargo, me esperaba una sorpresa en el último turno de la jornada, que era el turno de inglés.

_-•-•-•-•-•-•-_

No recuerdo cómo se enteró mi gentil profesora de inglés que a mí me habían escogido para ser piloto. Lo más probable es que yo le haya enseñado las planillas al comenzar su clase, pues así de orgulloso yo estaba, y seguramente quise aprovechar la oportunidad para impresionarla.

El caso es que, cuando se terminó la clase de inglés, La Teacher me dijo: "Por favor, Ionel, quédate, que tengo que hablar contigo."

Cuando una profesora te dice que te quedes con ella al final de la clase, tú te quedas sin hacer preguntas, ¿verdad?

Así que cuando la clase terminó, todos los estudiantes se fueron y yo me quedé a solas con La Teacher en el aula. Ella cerró la puerta con seguro, y de esa manera me vi encerrado allí junto a ella, aislados los dos del resto del universo.

La Teacher se acercó a mí, caminando con suavidad. Una oleada de su perfume de mujer me golpeó el rostro mientras la distancia entre los dos se reducía, y en ese momento Juan Gabriel empezó a gritarle desde el fondo de mi cerebro "¡bésame, dame solo un beso!"

Ella se detuvo. El corazón me dio un vuelco. ¿Acaso escuchó mis pensamientos? Nervioso y víctima de los efectos colaterales de mi testosterona en ebullición, contemplé a La Teacher mientras ella me observaba detenidamente. Posé otra vez mi mirada en sus sensuales labios; casi podía respirar su aliento. Dentro de mi cabeza Juan Gabriel siguió cantándole "dame solo un beso tuyo, deja al lado el loco orgullo que no deja que te acerques un poquito a mí…"

¡Qué seductores y hermosos labios! –no podía yo dejar de pensar.

Entonces ella los abrió:

—Así que piloto, ¿eh?

Pestañeando confundido, regresé al planeta Tierra de un golpe. Los ojos de La Teacher me sonreían con una cierta ironía. Yo trataba de procesar lo que me había acabado de decir mientras mis ilusiones de robarle un beso se resistían a disiparse.

—Tú sabes que en este país hace falta ser militar para ser piloto, ¿verdad? –continuó.

Yo asentí, sabía que en Cuba no había manera de ser piloto de aviación civil sin pasar primero por una academia militar y servir unos años en el ejército, pero no podía quitarle mi mirada de sus labios. Mi corazón latía a toda máquina. "¡Mierda!" –pensé. "Se va a dar cuenta, y entonces la tierra me va a tener que tragar... ¡pero que me trague con ella!"

—Mira, Ionel, yo fui esposa de un piloto. Ser militar implica estar siempre lejos de tu casa, participando en misiones y en maniobras, apartado de tu familia...

No sé si le respondí, mascullé tal vez algunas palabras sin mucho sentido, pensando a la vez "¡pero qué piloto ese tan dichoso!" Y José Feliciano me cantó "aturdido y abrumado por la duda de los celos", provocándome un escalofrío y una sensación de estarme hundiendo en el infinito. Ella continuó:

—Ionel, tú eres un muchacho muy rebelde, no creo que ser militar sea para ti, tú no eres una persona a la que le guste recibir órdenes...

"Ionel, Ionel, ¡Ionel!" Aquella voz profunda y sensual que repetía mi nombre era una distracción tremenda. ¡Y ella me ve como un tipo rebelde, incapaz de cumplir órdenes! "No tanto, Teacher, no tanto" –me dije. "Dame la orden de besarte y verás que la cumplo inmediatamente." Pero ella, implacable, volvió a traerme a la realidad:

—Ionel, tú eres un muchacho muy inteligente y creativo. ¿Piensas que siendo piloto vas a crear algo o vas a hacer algo inteligente? ¡Ser piloto es ser chofer de avión!

Aquella última frase me dio un electroshock, a pesar de haber escuchado de nuevo mi nombre salir de sus labios. ¡Chofer de avión! Y empecé a darle marcha atrás a todo lo que ella había dicho desde que nos quedamos a solas en el aula: "no crear nada", "no hacer nada inteligente", "recibir órdenes", "estar albergado en una unidad militar, otra vez lejos de todos luego de haber pasado seis años de mi vida encerrado en La Vocacional", "¡Chofer de avión!"

La Teacher acababa de meterme una inyección de bichos muy malos en el cuerpo.

_-•-•-•-•-•-•-•-_

No recuerdo cómo salí del aula, aunque seguro salí cojeando, con "mi tercera pierna" entorpeciendo mi andar. Impregnado de su exquisito olor de mujer en celos, con su mirada tallada en el alma, sus húmedos labios aún pronunciando mi nombre dentro de mi cabeza, mis testículos desesperados por aliviar su pesada carga, y sin saber exactamente por qué había recibido semejante consejo de parte de la profesora más sensual que existía en toda La Galaxia, aparecí de sopetón en mi dormitorio, diciéndome que tal vez La Teacher me había dicho todo eso porque ella me amaba en secreto. ¿Quién sabe, verdad?

Entonces decidí corresponderle, aunque todo esto no fuese más que una fantasía mía.

Tomé las planillas y, suspirando, las hice pedacitos con minuciosa saña, desgarrándolas en diminutos fragmentos que fui descargando poco a poco en uno de los inodoros del dormitorio.

Creo que fue esa la primera vez en mi vida que escuché el consejo de un adulto. ¡Adiós a las armas! –me dije, mientras observaba el torbellino del inodoro aspirar los últimos restos de las planillas.

Afuera sentí el viento soplar y cambiar de dirección, del mismo modo que mi destino, en ese preciso instante, cambiaba para siempre de rumbo.

Smoke on the water

Nuestra ciudad de Camagüey fue pionera del rock en Cuba. Hubo dos grupos que hoy son legendarios, llamados Montserrat y Rhodas. Este último llegó incluso a tener mucho éxito en la escena local y hasta tocó varias veces en La Vocacional.

Respetando así nuestras tradiciones rockeras, durante los días de bailables, además de hacer sonar los usuales merengues y salsas en la pista de baile, se ponía también rock en un pequeño anfiteatro que estaba en medio de la escuela.

Gracias a esos días de rock escuché por primera vez a grupos como Foreigner, Queen, Led Zeppelin, AC/DC y Deep Purple. El tema "Smoke on the water" era uno de los que más sonaban.

Una de nuestras compañeras de estudios, a la que llamaré Olema, porque suena casi como su verdadero nombre, solía dejarse llevar por esa música, moviéndose de manera sugestiva, abandonada totalmente a la experiencia. Sus firmes piernas, sus apretadas nalgas y su cuerpo atlético y espigado ofrecían un espectáculo ante el cual muchos nos quedábamos extasiados.

Debido a que las bailables rockeras de La Vocacional comenzaban ya a alcanzar una cierta fama a nivel regional, empezaron a venir durante esas noches muchachos de otras escuelas, que entraban a la nuestra colándose –o sea, sin pedir permiso, sea saltando la cerca o penetrando por algún agujero secreto.

Los rockeros, como les llamábamos, eran bastante numerosos y venían a disfrutar sanamente de la música. Al igual que nuestra amiga Olema, encontraban un regocijo liberador en los pulsantes ritmos de los grupos anglosajones que reventaban nuestros altavoces; todos saboreaban esos momentos sin pudor, cabeceando, haciendo contorsiones y restregándose entre ellos, sin hacerle daño a nadie y sin causar disturbio alguno.

En la época en Cuba tampoco había drogas en la calle. La humareda de notas emitidas por el ya mencionado "Smoke on the water" era suficiente para reemplazar el humo de cualquier tímido cigarrillo que pudiese aparecer esporádicamente. Nuestras noches de rock no pasaban de ser actos de disfrute total del arte… ¡por puro y genuino amor al arte!

Así que no había entre los rockeros ningún mariguanero, ni ningún personaje con la intención de darle una puñalada o un machetazo a alguien, o de cortarle la cara de un chavetazo al primer joven que se atreviese a mirarle –algo que sí sucedía en los espectáculos de música cubana que se ofrecían en centros recreativos populares, como El Hueco (los camagüeyanos que me leen conocen bien ese lugar).

Ahora bien, en aquellos tiempos, el rock en Cuba era visto por las autoridades como un género contestatario, que atraía a personas que se dejaban tentar por "los cantos de sirenas del capitalismo". La fascinación por "la música del enemigo" podía hasta causar que te calificasen de pervertido o de antisocial, o de padecer de "problemas ideológicos". Toda manifestación de amor por el rock corría el riesgo de ser tildada de "diversionismo".

O sea, que la rebeldía característica del género incomodaba a los del poder. Por eso había que consumirlo más bien discretamente y con moderación. Y como las bailables rockeras de La Vocacional no eran ni muy discretas, ni tan moderadas, todo parece indicar que terminaron por levantar alguna roncha en la mono-neurona de algún funcionario bajo cuyo escrutinio político se encontraba nuestra escuela.

Es así como nos explicamos que, en un determinado momento, comenzaron a organizarse grupos de estudiantes que se encargarían de expulsar a los rockeros de nuestras bailables. Tras recibir orientaciones precisas, armados de palos y piedras, y amparados bajo la impunidad que la bendición ideológica de las autoridades les otorgaba, varios de los nuestros se sumaron a esas brigadas estudiantiles informales, cuya misión era hacer que los rockeros huyesen de la escuela y no regresasen más.

Hubo algunas consecuencias directas de estas prácticas, incluyendo dos o tres estudiantes que sufrieron lesiones menores a causa de un palazo o una pedrada. Siendo todos ellos adolescentes muy jóvenes e inmaduros, se dejaban llevar por el entusiasmo de las persecuciones a los "rockeros invasores" y terminaban propinando golpes, pero también golpeados, o víctimas de algún tropezón o alguna caída.

Fuera de la escuela también hubo algunas consecuencias indirectas de nuestro acoso a los rockeros. El uniforme azul de los Vocacionales se convirtió en símbolo de represión en la mente de muchos de ellos.

Por ejemplo, un amigo mío, mientras regresaba uniformado a la escuela, una vez fue rodeado en la ciudad por un grupo de rockeros en actitud amenazadora. Su inteligencia natural le permitió decirles a los rockeros, en el preciso instante en el que ya se abalanzaban sobre él, "¡espérense, espérense!", mientras ponía sus dos manos abiertas delante de él, para protegerse y a la vez indicarles con su gesto que se detuviesen.

Así logró contener el ímpetu de los atacantes, paralizándolos momentáneamente, lo cual mi amigo aprovechó para escapar, poniendo pies en polvorosa.

Cuenta mi amigo que le lanzaron algunas pedradas y hasta algunos ladrillos, pero que ninguno consiguió tocarlo.

¡Qué buena suerte tuvo!

¡Y qué tiempos aquellos, que ya pasaron!

Un pedazo de mi vida

Durante la temporada de exámenes finales, no había clases, así que uno podía pasarse el día jugando fútbol, vagueando o, claro está, estudiando.

Los muchachos estudiábamos en pequeños grupos o en parejas. También había algunos que estudiaban en solitario.

A veces uno veía a un solitario leyendo un libro y luego mascullando palabras y mirando para arriba, como si estuviera rezando. Era que se estaba aprendiendo algo de memoria.

Las materias que requerían más horas de estudio eran, precisamente, aquellas en las que uno tenía que aprenderse un montón de contenido de memoria.

Yo las odiaba, pero a veces no bastaba con escribir que "El Che era valiente, decidido, arrojado, inteligente, tenía un gran corazón… y era valiente y decidido". Había entonces que estudiar, no quedaba más remedio.

Una vez, un amigo mío y yo nos fuimos a estudiar una de esas materias a la loma que estaba por el anfiteatro grande. Desde allí teníamos una vista magnífica sobre la fábrica de cerveza y la pista de atletismo.

Supongo que ese día estábamos estudiando algo relacionado con Fidel, porque durante una pequeña pausa, mi amigo me dijo: "¡Fidel es lo más grande! Si yo pudiera darle un pedazo de mi vida para que él viva más, lo haría".

Miré a lo lejos, escudriñando el horizonte. El cielo era azul, como las camisas de nuestros uniformes. Sentí mis manos hundidas en la hierba, el viento golpear mi rostro y el sol entibiarme la piel. Y entonces repliqué:

"¡Pues yo no! Él es un ser humano como otro cualquiera. Él ya ha vivido su vida hasta ahora. ¡Yo también quiero vivir la mía!"

Delilah

Un año después de haberme graduado de preuniversitario, regresé a La Vocacional a visitar una noviecita que había dejado por allá, y de paso ver a algunos amigos y profesores que me eran muy queridos.

Era un día de exámenes finales.

Al llegar a la garita, el lugar estaba repleto de policías. No dejaron siquiera que me acercase. "No se puede entrar, compañero", me dijo uno de ellos.

Luego de varios minutos de fútil esperanza, tuve que resignarme a irme, sin que me explicaran qué había sucedido.

-•-•-•-•-•-•-•-

Unas seis horas antes de mi llegada a la garita de la escuela, un fornido mulatón vestido de militar la atravesaba sin vacilar, igual que un cuchillo caliente atraviesa la mantequilla.

Su condición de oficial y de ex-esposo de aquella hermosísima profesora de educación física que era la obsesión secreta de tantos estudiantes varones, y cuyas curvas de ébano y piel lustrosa aún lo obsesionaban también a él, permitieron que el mulatón entrara a la escuela sin ser cuestionado, como solía hacer frecuentemente.

La profe era, en efecto, una escultural morena de bellísima sonrisa. Hacía poco había empezado a frecuentar al profesor de física más genial que jamás tuve, aquel negro de hablar sofisticado que explicaba los conceptos más difíciles con una claridad y una amabilidad sobrehumanas.

Supongo que un día él le explicó a ella que la amaba con la misma pasión con la que él enseñaba su materia.

La magnífica sirena de piel obscura cayó así entre sus brazos, con la misma fascinación con la que los estudiantes lo escuchábamos a él impartirnos clases.

_-•-•-•-•-•-•-•-_

Unas cinco horas antes de mi llegada a la escuela, el fornido mulatón, cuyo imponente físico era no solamente el resultado de su entrenamiento militar, sino también de haber fungido como portero de la selección nacional de polo acuático, todavía circulaba medio desorientado por los pasillos aéreos, edificios y pilotajes.

Se cuenta que estuvo buscando al profesor de física, el nuevo amor de su ex amada, pero el profe no se hallaba en los lugares que él frecuentaba habitualmente.

Años después alguien me dijo que el profe estaba aquel día en uno de los laboratorios de inglés, tal vez para satisfacer una de sus muchas curiosidades, de manera que fue imposible para el fornido mulatón encontrarlo.

Resignado, el fornido mulatón decidió pasar a la segunda fase de su plan, sin molestarse ya en completar la primera.

_-•-•-•-•-•-•-_

Unas cuatro horas antes de mi llegada a la escuela, el examen final había comenzado, y casi todos los profesores estaban asignados a diferentes aulas, para cuidar los estudiantes que se estaban examinando.

La hermosísima profe, su cautivadora mirada y la bella sonrisa que siempre la acompañaban, se encontraban en un aula ubicada en el cuarto piso del edificio docente de la Unidad 4, supervisando el examen del grupo de alumnos de los cuales ella era responsable.

Todo estaba bajo control; los estudiantes estaban concentrados escribiendo en sus respectivas hojas, un placentero silencio se había instalado en el aire.

En eso, alguien tocó a la puerta del aula. La profe abrió la puerta y su sorprendida mirada se cruzó con la del fornido mulatón, que había logrado encontrarla después de haber indagado por ella por toda la escuela.

"Sal un momento, por favor, necesito hablar contigo", cuentan que le escucharon decir a él.

Ella no quería salir, pero él insistió e insistió. "Está bien, pero sabes que tú y yo no tenemos ya nada de qué hablar", terminó accediendo ella, a regañadientes.

La profe le hizo señas a una colega que estaba cerca para que la reemplazara por unos instantes.

Entonces salió del aula, acompañada por su ex.

Unas tres horas antes de mi llegada a la escuela, un estudiante que había ya terminado su examen bajaba tranquilamente por una escalera que nacía en el cuarto piso, al mismo nivel del aula donde la profe se encontraba hacía unos segundos antes.

Al comenzar su descenso, el estudiante vio que la profesora estaba fuera del aula, sobre el pasillo aéreo, y que discutía acaloradamente con un fornido mulatón vestido de militar.

Continuó descendiendo las escaleras, absorto en sus reflexiones sobre el examen que acababa de terminar, perdiendo de vista a la pareja mientras llegaba al tercer piso.

De repente, un estruendoso "¡BANG!" interrumpió sus pensamientos. Un escalofrío estremecedor detuvo el tiempo, congelándolo, y apenas preparó al muchacho para escuchar un segundo "¡BANG!", que volvió a resonar sobre el pasillo aéreo que se encontraba ahora por encima de su cabeza.

El estudiante creyó escuchar una pesada masa que caía al suelo. ¿O sería el ruido de dos cuerpos chocando contra las losas del pasillo aéreo?

Arriba, unos gritos de profesores atravesaron el silencio, igual que un cuchillo caliente atraviesa la mantequilla.

El aire se impregnó de un fatídico olor a pólvora, mientras la incredulidad y la tristeza se apoderaron del edificio docente.

_·_·_·_·_·_·_·_

Un par de horas después de todos estos sucesos, yo llegaba a la garita de La Vocacional. El lugar estaba repleto de policías y no dejaron siquiera que me acercase.

"No se puede entrar, compañero", me dijo uno de ellos.

Epílogo

La Vocacional de Camagüey no fue más que un islote dentro de un inmenso archipiélago.

Durante la época en la que muchas secundarias y la mayoría de los preuniversitarios en Cuba eran escuelas de "becados", o sea, internados similares a La Vocacional, eventos como los descritos en este libro, e incluso mucho peores, ocurrían con frecuencia en todas ellas.

Si leyeron cada una de las historias aquí contadas, están ya en condiciones de extrapolar utilizando un razonamiento inductivo –yendo de lo particular a lo general.

Tan solo por eso valió el esfuerzo de haberlas escrito; porque a partir del momento en el que los que me leen se darán cuenta de las consecuencias nefastas que la idea de las escuelas "de becados" implicó para toda la sociedad cubana, y de las cuales estas historias no son más que un diminuto reflejo, también empezarán a formar parte de la memoria colectiva.

Por eso, ¡doblemente gracias!

Y ahora que estamos agradeciendo a todos los lectores, es el momento de agradecerles también, y muy especialmente, a mis queridísimos Jorge Lechuga, Rosa María Fernández, Marta Deniz, Idalmis Cabrera, Maica González, Arlene Gómez y, más que a nadie, a mi editora Isabel Soto Mayedo. Gracias por las observaciones, las ideas y las sugerencias que compartieron conmigo al leer mis borradores. Si nuestros puntos de vista coincidieron, o si discrepamos parcialmente o en su totalidad, el tiempo que me dedicaron de todas maneras me nutrió, y eso lo agradeceré por siempre.

Gracias igualmente a Silvia de Armas, mi cómplice eterna, y a nuestros hijos Marietta y Sebastian, quienes hicieron posible la escritura de este libro, porque todo el tiempo que invertí en él, fue tiempo que no les dediqué a ellos.

No deseo que mis lectores cierren estas páginas sin mencionarles además que exactamente cuatro nombres en estas historias son nombres reales, mientras que todos los demás no lo son; pero todos los personajes que participan en ellas sí existieron en la realidad y, aunque la memoria puede causar ciertas distorsiones, todos los hechos aquí narrados son fieles a mis recuerdos y a los de varios de mis amigos.

Asimismo, algunos de los protagonistas de mis testimonios ya han fallecido y el paradero de otros me es totalmente desconocido, mientras que con algunos otros mantengo todavía estrecho contacto.

Aunque la intención de estas narraciones es que una verdad de la que se habla bastante poco salga a flote, porque estos sucesos *también* son parte de lo que fue nuestra muy querida Vocacional; intenté, en la medida de lo posible, respetar la memoria y la privacidad de las personas implicadas, así como la de sus familiares.

Por último, deseo precisar que sé que en mis relatos se narran algunos eventos escandalosos, repugnantes y deleznables, o incluso delitos.

A pesar de eso, las denuncias testimoniales presentes a través de todas estas narraciones no podrán convertirse en acusaciones con valor legal, porque no existen pruebas concretas, por ejemplo, de los actos de violencia, de pedofilia y de prostitución infantil o de proxenetismo que aquí se describen.

Lo más importante ahora es, por consiguiente, que las nuevas generaciones no pierdan la memoria, y que *nosotros, los de entonces*, los que *ya no somos los mismos*, tampoco la perdamos.

¡Prohibido olvidar!

"Y ya se va, aquella edad…"

Ya se va aquella edad — Pablo Milanés, 1984

—sin sarcasmo

www.ingramcontent.com/pod-product-compliance
Lightning Source LLC
Chambersburg PA
CBHW071956070426
42453CB00008BA/804